貓生哲學

申承澈／著

馮燕珠／譯

從四隻貓身上體悟到的
✧18堂生命哲學課✧

貓生
哲學

申承澈／著

馮燕珠／譯

笛藤出版

序

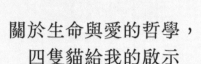

關於生命與愛的哲學，
四隻貓給我的啟示

　　我們夫婦在首爾文來洞共同經營的「怪奇哲學工坊」裡住了四隻貓，大心、達公、MOMO、又春，深受來訪賓客們的喜愛。由四隻貓與兩個貓奴組成的大家庭，每天的日常可說是多災多難、各種突發事件不斷，我想，有貓主子的家庭應該都差不多吧，想出門旅行一趟不容易，無論如何都必須努力盡到鏟屎官的職責，但實際上侍奉的是一群根本不會表達滿不滿意的主子。這群「怪奇貓咪（〔怪奇哲學工坊的特別貓咪〕之意）」，只要走到我們面前表演路倒、發出呼嚕聲或是在我們身上踩踏，就能讓我們夫婦的日常生活充滿喜悅和幸福。

「怪奇哲學工坊」一開始並不是這樣的，在這些貓咪入住之前，這裡可說是相當枯燥的人文空間，當時我只專注於在學術方面，鑽研生態哲學、生命哲學、動物權等，但做夢也沒想到有一天竟在真的與貓咪們一起生活。後來陸續發生一些事，原本在我們研究室周圍生活的流浪貓，帶著病痛一隻接著一隻進來，成了今日意外增加的四個家庭成員。但這也是我自認有生以來做得最好的一件事。

在現實中與動物一起生活，與在學術上研究的動物權、生命哲學有很大的差異。我們接觸的是在現實中就像人類一樣，會吃、喝、拉、撒，會打架、友愛、嫉妒的實體動物。每天與四隻貓糾纏在一起，有一種不知不覺從高尚的人文學世界落入現實世界的感覺。不過，這種感覺並不壞。

這本書是在 2020 年夏天完成的，一開始編輯來找我，提議寫一本關於貓咪的哲學書時，我考慮了很久。「與貓一起修習哲學課」，這讓我有點不知所措。以我的經驗來說，貓咪就像家人總是一直在那裡，與牠們的緣分不需要特別說明，因為愛家人不需要理由，也不是可以從邏輯上解釋的事，是理所當然的。不過從那天起，我開始試著保持一點距離觀察貓咪，就這樣過了一段時間，我發現住在我們研究室的這四隻貓咪即使真的出版了哲學書，也是充分具備深度和潛力的。每一隻怪奇貓咪在這世上都是獨一無二的存在，過著充滿個性的日常生活。

回想起與牠們初遇時就是那樣。我人生中第一隻貓，也是將我帶入貓奴世界的大心；一遇到人就展現出路倒絕技的達公；惹人憐愛的 MOMO；雖然只有一隻眼睛，卻凝聚了對世間所有好奇心的又春。在地球上能與這些怪奇貓咪們相遇是我最大的幸運。

寫作的過程中，我還必須隨時抵禦這些貓咪的干擾。為了聽古典音樂，大心會遠征到我的書桌上，而且定會占據鍵盤前的位置；達公在我寫作時總是趴在我的腿上睡覺；MOMO 和又春會在屋裡衝來衝去擾亂我的專注力，但是我並未屈服於牠們持續不斷的妨礙，在牠們干擾的同時也寫下牠們的故事。從這四隻怪奇貓咪的身上，我重新領悟到關於生命與愛的哲學。

希望這本書能與更多具有「愛媽、愛爸」身分的民間活動者，以及想與伴侶動物一同生活卻無法如願的網路奴才們分享。也希望家中已經有小狗或貓咪朋友，會向牠們傾訴自己的喜怒哀樂、一同創造可愛故事的青少年們看一看。同時，更期盼能給想研究生活、生命哲學、生態哲學的眾多動物保護活動家們提供一點小小的幫助。

目錄

序：關於生命與愛的哲學，四隻貓給我的啟示 • 4

第一部｜永恆 ETERNITY

從貓咪身上學到關於幸福的意義

第二部｜生命 LIFE

從貓咪身上學到生命的珍貴

第三部｜一同 TOGETHER

從貓咪身上學到未來的希望

第 ① 部

永恆 ETERNITY

從貓咪身上學到關於幸福的意義

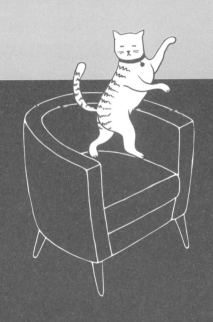

關於照顧自己

·

自我治理

　　法國哲學家米歇爾·傅柯（Michel Foucault）在《性史》（Histoire de la sexualité）第三卷《自我的關懷》（Le Souci de soi）中，探討古希臘哲學家們的自我鍛鍊和自我治理概念，這與現代的自我管理或自我開發等概念相通，與東洋哲學中的修養論也很相似。在治理別人之前，應該以自我治理為基礎，意在提醒人們，與自己建立的關係很重要。在這堂課中，將討論在自我治理中，「第一人稱『我』」和「第三人稱『我』」之間的關係。

我的研究室裡住了四隻貓。

　　大心、達公、MOMO、又春。

　　牠們才是這研究室真正的主人，而我只是每天早上準時出勤服侍主子們、晚上下班回家的奴才罷了。

　　首先介紹「大心」，這名字代表了牠是隻心胸寬大的貓咪。以人類年齡換算，大心差不多是 60 多歲的貓奶奶了。在研究室裡常常舉行研討會等各種聚會，從早到晚來訪的客人絡繹不絕，善於交際的大心會接近每一位客人，與客人對視，進行所謂的「接待」。或許可以說大心具備了像宗家長輩一般的風範（？）吧。

　　來談談大心的修行生活吧。8 年前，大心還只是隻不定時出沒在研究室周圍的流浪貓，當時我們在研究室的院子裡設置了流浪貓餵食區，大心就是常來的食客之一。直到某一年夏天，牠經歷了嚴重的膀胱炎和皮膚病折磨，幾乎可說是在鬼門關前走了一遭，才終於在研究室定居下來。此後 8 年多的時間，我觀察在身邊一起生活的大心，牠的日常就像心靈修煉的延續，持續自我陶冶。

　　大心有著面對陌生人也毫不畏懼的灑脫，以及如大地

13

般寬廣的理解力、如大海般深厚的包容力。我努力觀察牠的這些特質是怎麼來的，偶然從大心奮力理毛的日常行為中得到了啟發。由在前腳塗滿唾液揉搓臉部開始，再舔遍全身，理毛的過程短則數分鐘，長則會持續1個小時以上。

有時候打開研究室的窗戶，大心就會坐在窗邊凝視著遠方的天空，像修行者一樣安靜地坐著，這時我會播放古典音樂，大心就會隨著節拍輕輕搖晃尾巴，牠的眼睛仍望向越過大廈叢林的另一邊，過一會兒就開始理毛，整理自己。這種修行可以説是自我磨鍊吧？磨鍊的「磨」照字面解釋就是將石頭或鐵片等磨亮、磨利，大心的理毛行為可以磨鍊心靈和身體，從這一點來看，似乎可以解釋為自我磨鍊。

貓的修養論和生活的內在性

聽過「貓咪修養論」嗎？很多人應該都聽過孔子或孟子的修養論，對貓咪修養論很陌生吧。所謂修養，是學識淵博、德行高尚的君子，端正身心，使言行合乎規矩。早期孔子將自我磨鍊的書生禮法以及仁、義、禮、智等倫理、美學態度融入修養論中。

仔細觀察，會發現貓咪們也像修養論中所説的那樣，會有整理自己身體和心靈的行為。就像書生一樣。貓書生，雖然並未穿著長袍、戴著紗帽，搖頭晃腦地吟詩作對，但是貓和書生，莫名有種很契合的感覺。

不過貓的修養論與一般修養論具備完全不同的脈絡和行為方式。好，假設現在有一隻貓，牠好奇地豎起耳朵四處張望，過一會兒找了個位置坐下。牠坐下的位置很有可能會讓人有種「為什麼偏偏在這裡？」的感覺。如果你正好在看書，「這裡」就是書桌上；若你正在午睡，「這裡」可能就是你的肚子、胸口、甚至臉上。而貓一坐定後就開始理毛。

理毛（grooming），原是指以前馬夫在帶馬去比賽之前，會替馬梳洗乾淨、整理鬃毛的行為。雖然貓咪不像馬一樣有馬夫照顧，但是牠們會整理並照顧自己，因此，把貓咪放在進化階段的最上層，這個論點我認為是可能的。而貓咪的理毛行為，是非常認真、冷靜、慎重、細緻的工作。

每次看著與我一同生活的貓咪理毛，都讓我領悟到與自己建立關係、為自己定位、以及自我關懷的重要性。在別人視線無法觸及的地方獨自面對自我時，也要採取倫理和美學的態度，這點非常重要。舉例來說，如果屋內物品或文件散落雜亂，水槽裡待洗的碗盤堆積如山，在這樣的環境中想必很難靜下心來看書或思考。

有人對自己很鬆懈，當然也有人過於嚴以待己。經常回顧自己的言行，隨時調節焦點，找尋讓自己感到最舒適又能維持適度緊張感的適當界限，這是一項細緻的工作，就像行為藝術家的表演一樣困難。

調節焦點，在與自己的關係中，我們總是從自己的周圍開始整理、關懷及照顧。以此來看，在與自己的關係中並非只有單一答案，只是因為我們習於先注意到最靠近自己的東西。從美學角度出發，貓咪的理毛行為就好比為弦樂器調音一樣。建立與自己的關係，或許比傾注努力在與他人的關係上更難，因為自己與自己的關係處於我們看不見的領域。

「即使明天世界滅亡，我也要種一棵蘋果樹」，哲學家史賓諾沙（Spinoza）強調生活的內在因（immanence）。神並非超越我們的生活之外，而是蘊含在我們的生活中。他認為不僅是人類，世間萬物都蘊含了神。這麼說來，在貓的身上也蘊含了神性的東西。

史賓諾沙所說的生活內在因的結構，是「第一人稱『我』」與「第三人稱『我』」不斷建立關係，互相調整位置。這裡的「第一人稱『我』」是「作為自因（causa sui）的我」，意指因愛和欲望、關懷等構成的「友誼（friendship）的我」；「第三人稱『我』」則是「因他人原因而成的我」，意指當我遇到外部偶發事件時，關注與包容的「款待（hospitality）的我」。「第一人稱我」與「第三人稱我」一直都在一起，因此，在「第一人稱我」和「第三人稱我」之間的空白處，就是可以調節自己生活態度和焦點的內在性平面。

如果有一個「行動的我」，應該就會有另一個「關注

「我」擁有無限的可能！

行動的我的我」。舉例來說，當說出「我愛你」時，「說話的我」與「這句話之內的我」同時存在，換言之就是有很多個「我」。

　　「第一人稱我」在「第三人稱我」映照之下，會逐漸趨向成熟。「我」這個的存在不是單一的自我（ego）或固定的同一性（identity），「我」是持續不斷變化的存在，擁有可以任意變化的可能性。

　　這讓為了定義「我是○○」而費盡心力的那些「過去的我」感到羞愧，但是也因為有那些過程才能造就現在的我。「我」與另一個「我」的相遇，會讓自我逐漸成熟，而這一切都發生於我們的內在，所以旁人無法從表面上洞悉這段過程。

自我啟發之論的假象

我也會每天自我整理，當然不是像貓咪一樣在手上沾了唾液來理毛，早上我會刮鬍子、塗抹乳液、梳理頭髮，出門前在鏡子前整理服裝儀容，同時我會先在腦中預想當天的行程，演練一下在與人討論或進行演講時的狀況。每天早晨出門前整理自己形象的行為就跟貓咪理毛一樣，用意都是為了完全地面對、接納、整頓自己。

有時遇到重要活動，在開始前我會站在鏡子前看著自己，反覆深呼吸，這是我特有的方法，不過度膨脹自己，放低身段卻不會猶疑不定，成為一個均衡的「我」。感覺過於緊張時，我會乾咳一下調整呼吸；若覺得心情低落，就會換一條顏色明亮的領帶，這樣就會有意識地又誕生了一個「我」，而且這個「我」已經準備好了，接下來可以和其他人一起呼吸、哭、笑、享受。

有段時間很流行設定主體與對象、主角和配角、或主角與觀眾，在舞臺上談論主角的自我磨鍊概念，這也稱為自我治理、自我管理、自我啟發的談論。這種談論的核心是管理和控制自己，將現在的自己投射到未來的成功樣貌上。為了未來的成功而犧牲現在，不斷對自己進行殘酷的磨鍊，這是自我啟發談論的主要內容。自我啟發談論是設定有眾多觀眾會為我的成功而鼓掌的「主角談論」，也是極度新自由主義式的「自我治理法」。

這種概念是將「第三人稱我」置換成「未來成功的

我」，同時將「第一人稱我」改為「投射欲望的我」，問題是這種主角談論會使內在性變得貧乏和空洞，內在性透過「第一人稱我」和「第三人稱我」的焦點調節，讓我的生活變得更為豐富、多樣、優雅，但是，自我啟發談論將「當下、這裡、近處」的現在生活視為對未來的獻納，且是必須扣押下來的。被這種談論包圍的人們期待看到現在並不存在的「未來的假象」，最終會耗盡一切，因為他們對自己絕不寬容。

與自己的關係不應該設定對象，不該是站在有觀眾的舞臺上，重要的應該是如何在看不見的地方，以倫理學和美學的態度確立自己。提出「成功」、「勝利」、「成長」等關鍵詞的自我啟發談論，只是讓人對自己採取不寬容、過度虐待和壓迫的態度。這種自我啟發談論與貓咪進行的自我磨鍊，也就是理毛行為的真正意義相去甚遠。

新自由主義式的自我啟發談論現在已經破滅了，今日的自我啟發談論所指的主體性，成了像自營業者一樣，必須承擔過度的個人責任和惡劣環境。因為隨著邁入低成長和生命危機時代的來臨，生存論已取代成功論，成為這個時代的重要關鍵詞。

貓的自我磨鍊是為了什麼？

大心今天也非常認真地理毛，管理自己的身心，吃飯並非最優先，大心睡醒第一件事，以及在睡前的最後一件

事都是理毛。貓咪理毛不限任何時間、場所，這只是建立自信的過程，與成功或勝利無關，是為了迎接新生活而準備的自我磨鍊。

每當看到大心毫不做作、落落大方地舔自己、為自己理毛時，我都會很感動，在我眼中的大心，表現出完全為自己的生活負責，好好地整理自己、維持自我身心靈健康的貓咪的生活態度。所以在大心理毛結束後，我會輕柔地撫摸牠，而大心會來蹭蹭我的腿或身體，表達親密之意。像這樣對自己的陶冶，會成為與他人建立良好關係的開端。

自我磨鍊是為建立共同體而開始的行動。在款待他人之前，首先要思考與自己的關係，也就是必須先把自己生活的內在性整理端正。熱愛自己生活的人，也會做好準備關心他人的生活。自我關懷是相互關懷的基礎，因此自我磨鍊是構成共同體之前，每個人各自的課題。

但這並不代表自我磨鍊會建立強固的自我狀態。原本所謂「自我」的概念，是「第一人稱我」與「第三人稱我」合而為一，中間完全沒有留白，在自我中只有對自己令人窒息的執著。因為沒有空間容得下相互依存、共生的生命、自然、事物、機器等，只是不斷地壓迫自己，因此，在自我當中留白是必要的，也就是在「第一人稱我」與「第三人稱我」之間，應留有能容微風撫過的閒暇、餘裕、空白，這就是生活的內在性平面。不會固化成自我，不固定

於一個特有的存在，當我發現自己時，心也凝視著自己的心，在「第一人稱我」與「第三人稱我」之間進行調節焦點之際，我們可以對自己寬容、溫柔、溫暖、謙讓。

貓咪理毛時是很美的，注視著自己的身體，將自己擦拭乾淨，做好完全迎接自己的準備，然後一步一步朝向生活前進。我從貓咪身上學到生活該以什麼樣的方式運轉，而有時貓咪也會互相理毛，這讓我想到超越自我磨鍊的情感（affect）和愛、關懷。

看著自我磨鍊和陶冶中的貓咪，可以獲得想像力、靈感和創意。在甜蜜睏意襲來的午後，水壺在火爐上沸騰的此刻，大心安靜但認真地理毛，而我則凝視著大心，就像欣賞一件藝術品、一部電影、一首詩，欣賞這小小生命，用全身心投入呈現完美生活的美麗行為。

關於真正的合一

·

成為宇宙

　　成為宇宙，由兒童心理學家丹尼爾·斯特恩（Daniel Stern）提出，意指二個月前嬰兒的狀態，這種狀態被稱為「湧現自我（emergent ego）」，也是與母親合一的狀態，沒有自我和他人、男性和女性的分別。成為宇宙是同一性哲學的基礎，接下來這堂課，將談論成為宇宙在感知水平上無法到達的支點。

「是因為想媽媽才會那樣啊。」

看著大心兩隻前腳來回在毯子上踩踏的踩奶動作，妻子這樣對我說。大心想念媽媽。

踩奶，是貓咪用前腳反覆踩踏，據說源自於幼貓在喝奶時會用前爪使勁按壓母貓的乳房，以順利吸吮奶水。但是對於已經是成貓的大心來說，踩奶行為是非常真摯且神秘的，因為在踩奶動作中，包含了與媽媽合而為一的願望，也就是希望能「成為宇宙」。成為宇宙代表他人與我合一的狀態。

根據斯特恩的說法，嬰兒從出生到二個月左右，與母親之間存在著「成為宇宙」般合一的瞬間，一旦過了那段短暫的時間，往後的人生中就很難再有他人與我合一的經驗了，說不定永遠都不會再出現。但即便如此，我們仍以愛的名義渴求合一。成為宇宙，就像是無法實現的偉大愛情與如黃絲帶一般對故鄉的眷戀。

但是有另一種哲學認為，經由日常的感知還是有可能達到成為宇宙，這種哲學被稱為「同一性哲學」。

同一性哲學有著從黑格爾到馬克思主義的悠久歷史。

黑格爾的同一性哲學來自於主觀與客觀、存在與無、思維（主體）與對象（客體）之間可以合一的論點，描繪了主體的自我意識發展走向絕對理性的格局。在文明化的西方社會中強調共同感覺（common sense），即根據常識行動，這當中也隱含了成為宇宙的合一是可能在日常感知中達成的。好比一見鍾情，瞬間合一的可能性想法，在近代哲學和文明社會中蔓延。

基於此描繪出辯證法的構圖，即使存在著對立和矛盾，社會也不會走向分裂，而是會趨向成熟，因為在同一性哲學中，同一個團體、階級、種族、國家會擁有一體感，這是在感覺上賦予的先決條件。但是今日各地內亂、衝突、戰爭不斷，仍造成許多死傷，讓人不得不懷疑，社會和人倫共同體所擁有的一體感，並非在感知水平上賦予的先決條件，現實中仍有許多因矛盾和對立走向分裂和瓦解的例子。

這種近代哲學的傳統無法解釋「宇宙」是什麼，關於這個問題我們該如何回答？可以用一句話定義宇宙嗎？宇宙不是可以下定義、表意化的領域，宇宙是無法表意化的事物、生命、自然、微生物等存在的廣闊領域，宇宙永遠都是未知的，宇宙是人類常識無法相通的空間，在我們的感知領域之外，宇宙就像文明出現以前，原始人仰望星星的視線，包含了記憶和意義表象另一端的地平。

歷史上「成為宇宙」的概念一直被同一性哲學徹底污

染，因為近代哲學相信，即使是宇宙的深淵，也可以進行解釋、測量和表意化，於是「成為宇宙」在無數的哲學概念中被廢棄處理，被層層堆疊埋葬至深處，根據同一性哲學，被擠退到近代的通俗性中——認為在感知的瞬間就能了解判斷。

就這樣，成為宇宙的概念淪落為被權貴們利用，成為鼓動、煽動國家、民族和種族凝聚一體感的工具。真正的成為宇宙，應該是透過嬰兒、原始人、動物才能完整表現出來，因為他們不會為感知性的合一境界下定義，反而會以提出問題、暗喻與比喻、好奇等表現出成為宇宙的境界。自以為無所不知的文明化人類社會，破壞和污染了成為宇宙這一劃時代、突破性的實驗，結果形成了法西斯主義、種族主義、國家主義等倒退和浪漫的怪物。

然而貓咪的成為宇宙，也就是貓咪的踩奶行為並不一樣，貓咪的踩奶行為珍藏著對幼兒時期的思念以及對母親的心意，蘊含著迫切的愛與情感。

從成為宇宙的概念中想起貓咪的踩奶

成為宇宙可以說是無意識形成斯特恩所說的湧現自我時期的基本構圖。湧現自我時期很短暫，出現在從出生到二個月大的嬰兒身上，在語言或身體不具辨別能力的嬰兒時期，孩子會根據所在位置的氣氛、色彩、強度、密度、速度、配置等靜態與動態的動向，進行正念、融合、傳遞

形態的感知。換句話說，對身處位置的情感或情緒轉移的強烈度（intensité）的變化及傳遞會有感應，也就是流動（flux）思維。

嬰兒隨著流動笑、哭、踢腳、揮手，無法正確辨別、區分、識別的情況下，進行感受、感知、行動。雖然剛開始只是單純地聽任流動，但是就像小龍蝦的螯會越來越展開一樣，隨著時間的推移，嬰兒的語言、思維、行動方式會發展得更複雜。

短短兩個月經歷的合一和融合的記憶，實際上決定了人的一生，這個時期是建立名為「成為宇宙」這個愛與合一的巨大潛在力的過程。換句話說，嬰兒時期所接收到愛與合一的經驗，會是長大成人後「愛」的基礎，因此，嬰兒時期在孩子周圍照顧的人所付出的愛具有非常重要的意義。

成為宇宙所具有的生活內在性平面，構成沒有「自我和他人」、「男性和女性」，不分「我和你」的人生。在這裡，所有一切都只是從在強度和流動中短暫出現的奇異點（singularity）中感受到的，有的奇異點特別強烈，有的則可能是具有密度或速度的奇異點。

奇異點的成因不區分是我還是你的行為所造成，因此，會在你我之間建立人格的、個人的巨大情感橋樑。這裡的情感，是指事物與事物、表象與表象之間的強度、密度、溫度、速度等。

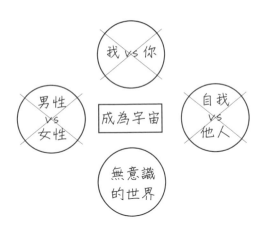

在「那個是○○」的表意化領域中，情感指的是「那個是～或是～」的感覺和感應。在情感的世界裡，只有強度的痕跡、密度的軌跡、速度的感應、溫度的感覺、分布圖等刻印在身體上，這時我們的身體器官處於具有多種潛在性的預備狀態，而非原本具備的機能，因此對孩子來說，哭成為踢腿，踢腿成了笑，笑變成流口水，流口水成為奶水的流動。對這個時期的孩子，只有「是～或是～」和流動的表現方式而已。

在思考嬰兒期的湧現自我和成為宇宙時，會聯想到貓咪的踩奶行為，這並非偶然。貓咪真摯地朝向無邊界的關口，柔軟的被子、枕頭、毛毯等物件扮演了關口的角色。貓咪專注踩奶的模樣，似乎達到放下自己的忘我境界。

踩奶行為充滿了大心的內在性，有時候看到牠把毛毯想像成媽媽踩踏會感到一陣心酸，看牠踩踏的時間越久，

就不禁想到牠想與媽媽合一的心願有多麼強烈，讓我很感動。

在某些方面來說，成為宇宙既是實驗，也是一種程序。冥想家、禪修者、心靈治癒師等都努力打破自己和他人的界限，但要多努力才能達到那種境界呢？或許根本不可能達到。為了達到成為宇宙所具有的生活內在性平面，冥想、禪修、修身養性，人們啟動了多種程序和實驗，但問題是無法保證何時才能實現，或是否真的能實現，就如同朝著未知之地前進一樣。

為什麼經過無數複雜的程序和過程，我們卻依然無法到達成為宇宙這個廣闊無意識的彼端呢？為什麼愛與合一不是原本就具備的「完成型」條件，而是必須自己創造的「過程型」課題呢？

我們的知識也有種類之分，分別是感覺、直觀、概念等。泛神論者史賓諾沙將共同感覺稱為「第一種知識」，他認為是所有錯誤的根源，也就是說，味覺、嗅覺、視覺、聽覺等感覺上形成的共同性無法達到成為宇宙。根據他的說法，共同感覺是偶發於表象上，具有偏見或先入為主的成分。舉例來說，如果半夜有人在路上徘徊，我們會覺得他很奇怪，以犯罪和警戒的眼光看他，但若知道那個人是因為擔心晚歸的孩子而在外面等待的話，結果就完全不一樣了。這也就是共同感覺被稱為「常識」的原因，而遵循常識的行為，具有無法擺脫社會固有觀念的一面。

　　史賓諾沙指出要達到共同性的方法應為「第二種知識」，也就是共同概念。根據他的說法，「愛」、「友情」、「和平」、「款待」等共同概念，要先經過足以生產概念程度的身體變容後才能形成。換句話說，成為宇宙不是自動實現或預先設定的條件，而是各自以具說服力的概念出現，是需要具體化的部分。當然，史賓諾沙對「第三種知識」，也就是靈性、直觀、洞察力也表示認可，可說是打開了當即洞察成為宇宙本身的可能性。

　　貓咪的踩奶行為看起來似乎沒有構成知識和觀念體系的可能性，但是像靈性的洞察或直觀，可以即刻朝著合一和愛發展的可能性非常充沛。從貓咪的踩奶行為中得到的領悟，並非所謂「了解」宇宙的第二種知識領域，而是對宇宙「尚屬未知，但可以直觀、洞察」的第三種知識領域。

　　對人來說，那不是無須努力、憑感覺就能得到，而是必須透過實驗和程序、計劃等努力的過程才能達到，也就是熱切地朝向愛與合一的「欲望的程序」之下的產物。

　　成為宇宙所具有的廣大生活內在性平面隨處可見，只是我們沒有發現而已。由此看來，成為宇宙也可以說是成為動物，換一種通俗的說法就是「動物性的本能」，不過成為宇宙是為了達到動物所擁有的直觀和洞察力而做出愛的行動。從這個意義來看，當提到成為宇宙的概念時，就會浮現大心踩奶踏踏是理所當然的事。

合一的貓，成為一隻貓

法國哲學家吉爾‧德勒茲（Gilles Deleuze）與菲利克斯‧伽塔利（Félix Guattari）在《千高原》一書中，表達了對愛的不同想法，認為相愛不是自然地合而為一，而是發現彼此的細微差異，「越相愛就會越不一樣」。也就是說，愛是走向特異性的過程，透過愛，會擁有與眾不同的想法和特別的行為方式。

這論點對我們來說可能比較陌生，對於一貫相信「越相愛就越相像」的人更是如此。當然，「越愛越相像」的同一性哲學是無法達到成為宇宙的平面，所以暫時排除在這個討論之外。根據德勒茲與伽塔利的觀點，成為宇宙不是即刻、憑感知就能達到的完成型的「存在（being）」，唯有透過開拓不同途徑的過程型的「生成（becoming）」才能表現出來，在這裡的「生成」即意味「越愛越不同的過程」。

德勒茲和伽塔利以黃蜂和蘭花為例來說明生成。蘭花開出與黃蜂尾部顏色相似的花，誘導黃蜂進行模擬性交以傳遞花粉，在這種情況下，蘭花和黃蜂的愛並非直接、立即的合一。但即使如此，兩者仍透過愛的行為走向讓彼此產生細微變化的無限過程，這種無法實現的愛的過程，被稱為「非平衡進化」。

蘭花擺脫了原有的形態，以類似於黃蜂尾部的形態去領土化；黃蜂也從現有的生殖領域去領土化。兩者並非以

一致性的合一為前提，而是面對彼此，開拓脫離現有領域的逃逸線（lines of flight）。蘭花與黃蜂兩者越相愛就越不同，兩個生命從無法到達成為宇宙的地平出發，前往無限旅程。

「生成」不是「存在」，生成不像存在，具有預先設定好前提的合一，或是作為目標的合一，只是在不間斷的過程和進行之間產生細微差異的愛。合一的地平，也就是成為宇宙，只存在於嬰兒期的孩子、動物、原始人表現出來的潛在性領域中。

我們的人生，是具有成為宇宙潛在性的人，為了展現而前往未知場所的旅行。成為宇宙的潛在性，會透過細微的紋理、紋路、壓痕（press）刻在我們的生活中。展開我們內部潛在的支節、壓痕、紋理的過程，既是生活的旅程，也是製造細微差異的愛的過程。

但可惜的是，我們無法像貓咪一樣可以透過踩奶行為在瞬間朝向成為宇宙的地平，但看到透過踩奶行為實現成為宇宙的「合一的貓」，我們或許可以試著「成為貓咪」。這並非指模仿貓咪的踩奶行為，而是透過愛貓，讓我們的生活發生改變，像貓咪的踩奶行為一樣，學習表現（expression）出刻畫了我們內心那些細微的紋理、壓痕。因為愛對方，所以更能發現他細微的變化或非常微小的特異點，在給予更細緻關懷的同時，也會更細緻地表達自己的愛，這就是越愛越相異這一論點的真正意義。

越是相愛「我們」就越不同

↓

因為會更深入為對方著想，
而不是自己

以多元表現樣式呈現的成為宇宙

成為宇宙與同一性哲學一樣，理由和結果不會因完全吻合的線性因果而體現出來，那只是潛在於內在，不能用一個「愛」來解釋一切，成為宇宙反而會以表現性因果呈現。

有些人認為根據線性因果，直言不諱地說出「我愛你」，就可以達到成為宇宙的合一境界，因為愛的原因和結果會完全吻合。然而愛只能透過表現性因果才能真正實現，例如把裝了美味食物的盤子推到對方面前、幫對方擦掉衣服上的污漬、隨時注意對方的需求。這種表達愛的方式有點像「傲嬌」（源自日語：ツンデレ，看似冷漠，但實際上卻溫暖親切的人）一樣，嘴上不說我愛你，反而可能會說一些刻薄、揶揄的話，但可以透過行為的表現方式看出兩人之間已經有愛了。

透過愛情合一的理由和本質只潛在於成為宇宙的層面中，不會直接暴露出來，而現實表現出來的，並未明確指

出理由和本質，這就是表現性的因果論。主張同一性的哲學家們誤以為現實中直接達到合一境界就是成為宇宙，但是作為潛在性的成為宇宙會改變面貌，展現自己。貓咪的踩奶行為就是在表現現實中無法達成、希望與貓媽媽合一的表達方式之一。

我們無法得知成為宇宙的「巨大要旨」是什麼，因為我們仍在尋尋覓覓、猶豫不決、搖擺不定，摸索著到底哪一個才對。在這個世界上，究竟有沒有人能夠斷定「愛情的終極」是什麼呢？恐怕沒有。

貓咪的踩奶行為中稍稍流露出成為宇宙的模樣，但不會直接暴露，而是會潛伏著，在不經意的瞬間經由突發事件暴露出來讓我們大吃一驚、興奮、喧鬧。當洞察到所有事件的背後都隱藏著成為宇宙的愛的合一時，我們才能感受到那些表現樣式都只是冰山一角，在水面下還藏著未知的巨大主體。

需要超越自我的勇氣時
·
橫貫

　　伽塔利透過橫貫性（transversalité）的概念，說明跨越各種意義和多種模式的過程。從關係和配置的觀點來看，橫貫是調節關係，維持不近也不遠的適當距離的過程，同時也是描述各種讓人產生眩暈的履行、變異、變換、轉換過程的概念。這堂課中，將說明透過距離調節、焦點調節、力量調節等自律性的概念。

某天我看著大心，突然覺得牠太可愛了，於是猛然抱起牠。大心嚇了一跳，不斷掙扎抵抗，然後急急忙忙地跳開，站得遠遠地望著我。或許是我表現太過度，於是我先假裝若無其事地走開，過了一會兒，大心又默默靠近一點，在我身邊走來走去。不近不遠的關係，大心和我的關係大概就是這樣吧。

　　大心是在完全成貓後才離開街頭生活，或許是因為這樣，在與他者的關係上，大心總是維持若即若離不近不遠的關係。當你想靠近時，牠總是會先逃；如果離得人遠，牠又會悄悄地靠近，坐在你面前。人主動靠近大心就逃跑，待在遠處過一會兒才會自己縮短距離，這樣的大心，正是展現橫貫的典型面貌的存在。

　　沒有一個概念像伽塔利創造的「橫貫」一樣難以定義、也無法明確理解，因為這是關於不近也不遠的距離調節的概念。他在自己的著作《精神分析學與橫貫性》（Psychanalyse et transversalité：Essais d'analyse institutionnelle）中，藉由叔本華（Schopenhauer）提出的刺蝟困境故事，說明橫貫的概念。

「刺骨的冬天，一群刺蝟為了抵禦寒冬而圍繞在一起取暖，牠們越靠越近，然而因為靠得太近所以被彼此刺痛，於是牠們很快又分開。天氣越來越冷，牠們又再次靠近，結果同樣又因為靠得太近而刺痛了彼此。在牠們從兩惡（寒冷和刺痛）中發現保護自己又能取暖的適當距離之前，只能一直不斷地靠近又散開。」

雖然橫貫的概念非常模糊，但另一方面，這個概念在某些時候很適合用來說明既不能這樣也不能那樣的尷尬現實。現代人雖然不喜歡在陌生人當中受到干涉，但同時也害怕陷入孤獨、寂寞、失去關係、無為、疏遠的狀態。像這樣在「親密、相連結的關係」和「陌生、匿名的關係」之間，只能不停調整距離的狀態，或許就可以解釋為橫貫的狀態。

一起生活為什麼會那麼困難呢？也許是因為建立關係就像美學和倫理上的一種藝術行為吧，所以如果決定與某人或某件事物建立關係，或許就該採取創造和生產特別之物的態度，因為是似懂非懂模糊不清的關係。

在過去 8 年中，我深切地感受到要得到大心的愛是多麼困難，但隨著若即若離過程的反覆，不知不覺間，我了解到在大心和我之間已經形成了「關係」。我認為大心和我之間刻印著各種關係的地平，是具有生活內在性的奧妙

且絕妙的逃逸線中的一部分。在若即若離的調節過程中，並未累積疲勞，反而產生更多的「需要」，需要更多愛、更多關懷，需要更細心。

橫貫、卓越的距離調節美學

如果貓有超能力，那必然是將親密空間重新演繹成陌生空間的能力。據說貓咪對熟悉事物的長期記憶不會一直持續，通常一下子就忘了，但對於短期記憶卻可以持續很久，因此，貓咪對自己住的房子認知為熟悉的空間，卻也總是當作新的空間。與需要定期散步的狗不同，貓在一定大小的室內也能生活一輩子，換句話說，貓具有重新演繹自己的空間、重新創造世界的能力。

每當人們想到親近、親密、紐帶關係時，腦海中最常浮現的應該就是記憶中的故鄉吧。明知在自己身邊的人很珍貴，卻又會很輕易評斷對方，因為親密和紐帶關係，也就是友愛關係的陷阱太靠近了，所以很有可能會淪為封閉的關係，像鑽探一般越挖越深，但探究的不是身邊的人內在隱藏的廣闊地平，而是輕易斷言「他就是那樣的人」。

如果以友愛偽裝的干涉、介入、干預成為日常化，就會演變成侵害他人自尊或獨立性。一位朋友說過，小時候在文具店前玩電動或與朋友們一起買垃圾食物吃，如果被鄰居看到，都會向父母打小報告，感覺好像整個社區處處都裝了監視器盯著自己一樣。如今他擁有共同體意識，同

時也很努力注意不要侵犯團體中他人的隱私，我想或許就是出於小時候的經驗吧。

在這裡我們必須關注「款待」的概念，款待是防止友愛關係淪為封閉的「小圈圈文化」的要素之一。款待可以說是共同體對「陌生的匿名人士」，即異鄉人、難民、移民等應該具備的態度，要歡迎與自己不同、不熟悉的人靠近，與他們共存。

在現代社會中，款待的運作領域雖然很廣泛，但陌生和匿名性的盲點仍會導致最終走向「無關係」狀態。接收與自己無關係者的訊息，與他們進行交易，擦身而過，這是現代社會典型的生活日常。這種陌生匿名的關係擴大超越關係網的款待，反而破壞並打散了關係網本身，將陌生的、匿名的關係變成乾淨無色的「無關係文明」必然會有問題。

在這種情況下，為了不想成為匿名的單一個體，理所當然會想建立共同體或社區關係網以擺脫孤獨寂寞。從這個層面來看，友愛和款待的距離調節，才是親密、紐帶關係和陌生匿名關係之間可以採取的卓越的距離調節，也就是橫貫。

橫貫的概念很難說明清楚，原因在於它具有多義性。伽塔利認為，如果將橫貫解釋為某種集團內部的關係，那麼就像是在水平與垂直，在橫、豎之間存在的無限且立體的斜線。在這裡，垂直是指過於僵硬和權威的關係，水平

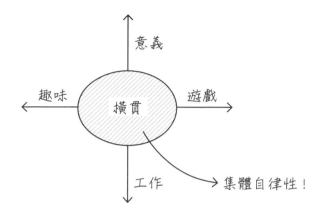

是指民主但沒有重量感的關係，垂直和水平之間斜線的橫貫領域，就是集體自律性的領域。

透過集體配置（agencement collectif）觀察垂直線和水平線時，橫貫性的觀點可說是涵蓋了「意義和工作」與「趣味和遊戲」的領域。如果追求垂直座標的「意義和工作」，就會出現權威、無聊、集中於一個模式的工作或勞動、作用；相反的，如果追求水平座標的「趣味和遊戲」，橫貫會遍及各種遊戲及模式，在這當中雖然很有趣，但也會讓人反思意義何在。就像陷入了迷宮一樣，無法準確地劃出界限，定出這裡的範圍、那裡的範圍，因此，需要智慧和情感來理解橫貫。

橫貫不是因果論，不是把鑰匙放入對的孔洞內就可以開鎖一樣，橫貫是近乎至誠和明智的情感概念。如果把橫貫當成類似養生術來適當地使用，那麼在共同體的配置上

可以實現適當的微觀政治。換句話說，應透過維持不近也不遠的適當的水平距離來形成社會關係，例如看到有人好像很疲累，就上前幫助，一旦問題得到解決，再退開保持距離，形成一種遠距離支持的方式。

橫貫因多義性的方法論而容易造成混亂，但即便如此，在人與人之間的關係形成的集體配置中，沒有其他概念比橫貫更適當地包含了藝術性、美學性、倫理性。

例如，對離鄉求學的學子來說，從話筒另一端傳來媽媽的聲音，可以給予很大的安慰；對動物來說，伴侶人類關心溫暖的視線會帶給牠們很大的力量。關係本身就像一部電影、一齣話劇、一首詩，是透過距離調節的美學、重新配置的美學、至誠和情感的藝術而形成；我們對他人的至誠和懇切，也將成為一部精彩的藝術作品。就像前面提到的傲嬌，既善良又像個惡童，自私卻又利他，具合作又帶點牽制力量的朋友所發揮的友情力量，也是距離調節所具有的立體情感力量。

從「橫貫的貓咪視角」看到的世界

橫貫的貓咪視角！這是我個人對貓咪集中注意力在某一個焦點的同時，卻也已經對其他地方產生興趣時的形容詞。事實上這對我來說也是很重大的課題，每當我想為大心做點什麼的時候，通常牠已經在別的地方了。例如想幫牠擦眼睛或剪指甲時，大心卻早已把注意力放在其他地

方，如果要說大心會特別集中精神的時候，那可能只有玩耍的時候。所以橫貫的貓咪視角是我非常關注，同時也是必須突破的一個任務。

對於習慣集中心力做事或學習的人類來說，看到橫貫的貓咪視角，必會感到混亂和恍惚。貓也一樣，貓似乎不會根據某種固定的意義而行動，牠們四處閒逛，看到飼料就吃，看到玩具就玩，想睡覺就睡覺，看起來完全是隨心所欲。

伽塔利在提到橫貫時，還舉了馴服野馬作為例子。伽塔利指出，在馴服野馬的過程中，馬的遮眼罩就是橫貫的領域，馬夫一開始先將馬的眼睛可視範圍最小化，讓馬的視角變窄，如此一來，馬只能把力量全部集中在這個範圍內。被控制住的馬一路狂奔，馬夫再逐漸打開遮眼罩，馬在適應逐漸變寬的視野的同時，卻也受到之前只看到狹窄區域的影響，而會聽從馬夫指示的方向奔跑。經過這個過程產生配置調節的能力，馬夫才能馴服野馬。

這同樣適用於對精神疾病患者的藥物治療過程，醫師先給予最大限度的藥物量，控制患者的行動和妄想，再逐漸減少藥量，使其自行調節。就像大象從小就被綁住，所以牠有記憶以來就意識到自己是帶著綁在木樁上的繩子行動，即使長大後有能力可以逃跑，但牠仍會意識到繩子的存在。因此橫貫與距離調節、焦點調節、力量調節有關。

再來看看下面的故事，一個弟子問僧人：

「橫貫在哪裡？」

僧人思考一下後回答：

「在月亮裡，在指著月亮的手指上，在月亮與手指之間，也可能兩者都沒有。」

看了這個故事，不免會覺得「看話禪」[1]的修行方式非常不近人情，但每當看到大心時，又感覺橫貫的貓咪視角和這種修行方法很類似。有時沒看到大心，我會問妻子：「大心在做什麼？」妻子會說：「大心在修行。不然就是在吃飯，要不然就是去玩了，要不然……」

大心無法捉摸的橫貫貓咪視角對我來說就像一個哲學課題。大心是隻橫貫的貓，不會只停留在一個地方，也不

---

①一種禪宗修行方法。禪師以公案中某些非邏輯、不可解之語，令弟子參究，以杜塞思量分別，迫使智慧自發，得見自己的心性。也稱為「看話頭」、「參話頭」。

會只做一個行動，甚至是無法靠近、也無法遠離的存在，最重要的是牠是獨一無二、唯一的存在。從這種橫貫的貓咪視角來看，每個獨一無二的生命都會創造自己的世界，我想或許這個世界裡有無數個世界吧。

伽塔利的拉博德療養院與橫貫的貓

伽塔利在拉博德療養院（La Borde）中擔任心理治療師，但他有時也做料理，或在突如其來的格鬥和紛爭現場擔任調解師，還在裡頭從事美術和音樂活動。拉博德療養院是法國最早的私人療養院，醫生、護士、工作人員、患者並沒有規定穿著具識別性的服裝，所有人都混在一起，各自的工作和活動也未有明顯的區分，是非常特異的地方，也可以說是立足於橫貫概念之上的獨特場所。

閱讀伽塔利記錄的「角色分配表」，工作人員和患者一開始都會接觸自己喜歡、感興趣的事，熟悉之後就會再轉移到其他事物上。因為總是不斷從事新的工作，所以根本就沒有時間感到無聊。因為立足於橫貫概念的基礎進行活動，所以拉博德療養院的人可以一直保持活力和能量。

伽塔利試圖在如醫院床位配置的水平性，以及「醫生——護士——患者」身分的垂直關係之間建構橫貫，因此醫生、護士、患者並未穿著區分彼此身分的服裝，每個人都可以在院內自由穿梭。他以這種方式，讓院內的人並非根據單一角色、功能、職務進行活動，而是訴求任何人都

能夠作畫、跳舞、唱歌、寫作等，可以從事許多種類的活動。這代表醫生和患者並非停留在根據二分法來履行自己的作用，比起在冰冷制式的診療室裡進行一對一諮詢診療，他們讓患者直接面對各種問題，致力於培養他們能夠自然、流暢地擺脫狀況的自律能力。

或許在拉博德療養院中豐富多彩的活動，就像翻越高牆的貓，是培養人類符合橫貫的貓視角的過程。要想橫貫，首先要做好翻越高牆的準備，也就是要超越自己現在立足的場所、意義、存在基礎等，需要具備能接觸其他新事物的勇氣和自信，這樣才能翻越自我存在的高牆，達成橫貫。要發現自己內在的他者，更需要具備好奇心去思考如何發揮比自己內在的他者更具有他者面貌的與眾不同的實驗精神。

從這一點來看，在友愛和款待關係的共同體中，也需要擁有像貓那種讓親密變得陌生的特殊能力。團體中雖然每個成員在自己的領域都是專家，但同時每個人也會接觸不同的事物，是兼具專家與外行的複雜關係。我經常這樣問加入共同體的人：

「有信心成為外行人嗎？」

這問題與「你有信心橫貫嗎？有信心翻越高牆嗎？」有同樣的意義。對這個問題表現出欣然接受的態度，開始共同體活動的人，透過不近又不遠的距離調節，形成的「關係」就像優秀的藝術品一樣。由此看來，橫貫不是物

理上移動的運動速度，而是瞬間轉換心靈和身體陷入愛，走向遠方的無限加速度。

　　我總是追不上大心的無限速度。剛剛還在看著天空陷入沉思的大心，一眨眼就去了別的地方，即使停留在原地，但總是不斷創造新現實的大心，牠橫貫的貓咪視角讓我的心起伏不已。看著橫貫貓咪大心，我思考著製作名為「關係」這個不專業藝術品的自己，其實也是回顧羞愧日常的過程。

反覆出現的新鮮感

·

偏位

　　古希臘哲學家伊壁鳩魯（Epikouros）認為進行自由落體運動的原子傾斜地掉落並引發旋渦，所以提出「偶微偏」（clinamen，拉丁文，偏斜之意）的概念，也就是偏位運動。偏位與德勒茲在《差異與重複》一書中提到「出現差異的重複」概念相通，在重複中存在著差異，差異中有著重複的生活、生態、生命，讓作為偏位的偶發性更加強烈。

「吃飯了！」

輪到值班打飯的我，在準備好食物之後喊著，同時雙手捧著托盤走向餐桌，一如往常的，又春會越過我跑向餐桌。又春是我們研究室裡年約一歲的貓咪，聽到「吃飯」就會馬上跑到餐桌底下，這是又春從小就會玩的遊戲。又春還喜歡玩另一個遊戲，那就是追逗貓棒。

妻子在吃飯時，經常是右手吃飯，左手揮舞著逗貓棒，一展驚人的功力。仔細觀察，會發現妻子的技術真是絢爛而神妙，不像我只會單調地往同一個方向來回移動，妻子會不時暫停，然後再揮舞畫出漂亮的弧線，這就是多彩多姿的變容（affection）的流動。又春被妻子的技巧迷住，沉迷於遊戲中，我好奇地問道：

「到底是怎麼弄的？這樣嗎？」

我模仿妻子甩逗貓棒的動作，但妻子看了搖搖頭，她說要好好觀察貓的姿態和慾望，用貓的心去思考，才能了解什麼時候該停止、什麼時機該移動。

真是不可思議，怎麼能如此輕鬆說出「用貓的心去思考」這種話呢？不是啊，貓的心和我的心能夠成為一體

嗎？根據妻子的說法，當暫停甩動逗貓棒時，貓會蜷縮著身體直盯著玩具，但其實牠不只是看著面前的逗貓棒，同時也注意到拿著逗貓棒的妻子。不只是逗貓棒，甩動逗貓棒的妻子對貓咪來說也是遊戲的一部分，是配置的一部分，換句話說，貓不僅意識到玩具和自己之間的脈絡，還擴及在這之外與貓奴之間的去脈絡，甚至還意識到了在更外圍關注這一切的我，也就是超脈絡化。

這正描繪了人類學家格雷戈里·貝特森（Gregory Bateson）所說的「脈絡、去脈絡、超脈絡」的構圖。根據他的說法，在判斷關係的脈絡時，不僅要關注關係的對象，還要關注關係本身和形成關係的其他關係，最後識別對象可以無限連貫到對象的關係、關係的關係、關係的關係的關係。

多種關係的配置與再配置，讓我們與又春的遊戲時間變得豐富多彩。以我的觀點來看，與又春的遊戲是一個事件，是生命和我的相遇，是其他存在和我之間、在灰濛濛的雲際中成為現實的時刻，那叫做「主體間性」（inter-subjectivity），既是創造停止日常生活反覆的差異，也是創造特別的時間、不同的時間、差異的時間。因此每當與又春一起玩時，總是讓我感覺接觸新世界一樣。

「差異」在玩遊戲時是必備的構成要素，玩遊戲不能只是一再反覆，也不能只有差異，要沿著「有差異的反覆」這奧妙的界限行走，這當中要有故事，要有巧妙的生命動

向。對於遊戲我還是個新手，因為我還不熟悉如何演繹出多樣性的差異，加強反覆的深度；對於由反覆轉變成差異，將差異轉變成反覆的藝術和美學技巧，我還無法掌握。

讓貓行動豐富化的戰略
──「偶微偏」（clinamen）

「再設立個研究室怎麼樣？」

一天晚上，我向妻子提議。

「什麼研究室？」

妻子反問。

「貓咪行動豐富化戰略研究室。」

聽起來很像玩笑話，但妻子似乎並不反感，感覺對總是在睡覺的大心、行動遲緩的達公、害羞的 MOMO 來說應該是件好事。又春是例外，因為又春總是對「吃飯」這句話做好隨時飛奔出來的準備，牠是好動愛玩的貓。

我曾思考過符合貓咪行動豐富化戰略的哲學概念是什麼，首先想到的是伊壁鳩魯。伊壁鳩魯主張原子斜下墜相互碰撞，引起旋渦的偏位運動「偶微偏」（clinamen）的概念，我認為沒有比這個概念更能說明貓咪行為豐富的根源，也就是從偶發事件而來的多樣性、豐富性和特殊性。

在伊壁鳩魯之前，古希臘哲學家德謨克利特（Democritos）曾說過，原子（atom）是世界上最基本的

粒子，是不會再分裂的最小物質單位，他認為原子不會消失，而是循環。所以根據他的理論，現在我的眼鏡框的原子，可能是遠古時期某一隻恐龍的鼻子。在這種原子論的立場上，原子總量沒有變化，只是隨著時間流逝，改變存在的空間而不斷循環，伊壁鳩魯稱這是原子表現出的永恆迴歸。原子的數量沒有變化地保存著，換句話說，就是永遠反覆循環的世界。

伊壁鳩魯繼承德謨克利特的思想，更進一步描繪出不同的原子構圖。首先，想像原子的自由落體運動，像雨一樣從天而降，但不是所有的雨都是垂直下降，也會有斜著的雨，這種形態的墜落運動會誘發原子之間的衝突、碰撞，使原子之間的區域展開渦旋運動。偶微偏意味擺脫根據因果關係而設計的世界，過渡到發生偶發性突發事件的世界。透過這些，偶然性不再是依附於必然性的脆弱，而是以強健、爆發、擁有豐富潛力的形態重新誕生。可以說偶微偏是事件性、特異性、偶發性思想的基礎概念，也可說是伊壁鳩魯突發、果敢的思想挑戰下的產物。

那麼，這種渦旋運動與貓咪行動豐富化戰略有什麼關係呢？貓和我的偶發性相遇，就像原子和原子斜著移動碰撞引起的旋渦一樣，換句話說，原子的偶微偏與貓咪豐富多樣行動的泉源一脈相通，誰都無法預測貓咪會如何行動，貓的行為是非線性的、突發的、偶發性的，會讓我們大吃一驚，或者帶來意外的驚喜。即使貓一直都只住在家

> 德謨克利特：世界由原子構成。
> 　　原子是不變、是循環的，
> 　　因此，世界將永遠重複。
>
> 伊壁鳩魯：世界由原子構成。
> 　　原子衝突碰撞，形成旋渦，
> 　　因此世界會接連發生突發事件。

裡，特有的動物行為學特性也不會消失，即便是從外部環境脫離的個體，也仍然具有在外部環境才會展現的覓食行為或嗅覺行為、生殖行為、領域行為、團體行為等特性，而貓奴們必須將那些行為重新解釋為遊戲。

　　若能接受偶發性為世界的構成要素之一，我們的存在就會重新再構成，也就是一直以來認為「昨天的我」與「今天的我」、「明天的我」是一體的想法會受到挑戰；同樣的道理，昨天的貓、今天的貓、明天的貓會不斷產生偶發事件，具有重新生成的主體性。也就是說，偶微偏所構成的世界，就像原子的偏斜運動一樣，每瞬間都不同，每時每刻都在不斷反覆生成和創造、製造事件，透過這些，生命的世界才會變得更開放。

　　事實上如果一直想著貓咪在變化，可能會覺得哪裡奇怪，躺在我旁邊打瞌睡的貓雖在原地不動，但卻是不斷生成、創造和變化？然而貓真的每次都不一樣，像是不斷生成為其他的貓，引起各種偶發事件。世界上沒有一隻貓是

始終如一的，因此，在遊戲的領域裡，我永遠都無法跟上又春牠生成與創造的速度。

對於原子偏斜運動的肯定，是對實際存在的肯定、對事件性的肯定、對偶發性的肯定。「貓就只是貓而已！」這種淺薄的論點，最終會讓貓的行為變得單調而卑劣。今天的演繹與昨天不同，明天又將進行不一樣的演繹，這才是和貓遊戲的秘訣。「要製造故事、要凝視貓的心、要時刻煥然一新。」現在我稍微能理解妻子的話了。

「貓咪行動豐富化戰略研究所」是一個實驗，說不定會成為空前且特異的實驗場所。研究所首任所長當然是我的妻子，她是最合適的人選，因為她早已了解貓咪多樣豐富行為的真相。我問妻子：「妳是不是有什麼隱藏的技巧？」結果反而受到她斥責：「你是真心為貓著想嗎？」雖然我還是隱隱覺得一定有什麼，但是要想達到那個境界，我還差得遠呢。

今天我也拿著逗貓棒在又春面前來來回回地揮舞，但是又春似乎並未感受到和妻子玩耍時的興致和樂趣，於是不一會兒便轉頭去找妻子。我可能連「貓咪行動豐富化戰略研究所」的研究員水準都搆不上，頂多只是實習生程度的貓奴吧，不過最近從妻子那裡學到了一個秘密方法論，就是有差異的反覆，反覆的差異。

差異和反覆的微妙融合

對我來說，與貓咪玩遊戲時也是發現特別的「有差異的反覆」的時刻。雖然每次我都舉著逗貓棒像唸咒語一樣說：「我要成為逗貓達人。」但是已經領教過妻子絢爛技術的貓咪們根本不甩我，尤其是眼光特別高的又春，更是不容易上鉤，儘管如此，我還是動用了渾身解數，努力滿足又春的要求。

一般人通常以為動物喜歡重複同樣的行為，這種觀念是基於在動物園或工廠式畜舍中的動物的「定型行動」。定型行動是指左右來回走動、持續吃東西、轉圈、點頭等反覆的行為。動物的定型行動帶來的悲劇意義，是在狹窄的環境或惡劣的生活條件下，牠們的精神世界被破壞，簡單地說就是瘋了。

德勒茲在其著作《差異與重複》（Différence et répétition）中，闡釋了差異性反覆的可能性，這是可以說明生命、生態、生活所具有的多彩、豐富、以偶發性為基礎的行動的論據。這裡的反覆是與循環、再生、復活、重複、嵌入、再進入等相關的概念；差異是與多樣性、特異性、事件性、偶發性、多極性、多義性等相關的概念。通常反覆被歸類為綠色思想，差異被歸類為赤色思想，德勒茲綜合兩者，以「差異的反覆」這種赤綠連結的想像力引領我們。

差異遇到反覆而變得強壯，反覆遇到差異而變得新

穎，差異需要反覆，角色才能成立。生命、生態、生活將反覆應用到差異上，在反覆中產生差異；生命、生態、生活所展現差異的反覆形態，也可以用彈力（resilience）、隨機應變、生態緩衝概念進行說明。好，現在再回到與貓咪的遊戲時間，這是差異與反覆相遇的時間。生命不僅會反覆循環再生，還會遇到差異，是展現偶發性、事件性、特異性的時間，從這當中，我對生命感到敬畏。遊戲的戰場是由歡喜、敬畏、驚歎相連而成的。

差異與反覆的合奏，我的遊戲見習

仔細觀察遊戲中的又春，這個小生命既不知道善惡、也沒有犯罪意識，是純粹透明的存在。生命充滿了循環、週期、反覆，但我認為這不是一個事先被決定的命運。動物的出生、長大、死亡也可以看作是循環的原子形態，因此讓我想到了藏傳佛教的輪迴思想。

自然和生命中有四季、漲潮和退潮，還有早晨、中午、晚上這些循環、迴歸、反覆的領域，但同時也具有特異性、事件性、偶發性的差異領域。自然生態與活體動物不能像物品一樣交換，不能像產品一樣在工廠製造。動物雖然透過反覆行動具備自己的力量，但每次的反覆其實並不一樣。從這一點來看，又春是獨一無二的存在，在此意義上是很特別的，這一刻是那獨一無二的存在一生中僅有一次的瞬間，這個意義也很特別，基於這種唯一特殊性，

又春是非常珍貴的小生命。

　　前幾天，又春在妻子巧妙的手法下玩得筋疲力盡。在遊戲中妻子悄悄向我說明一些技巧，例如把逗貓棒向上甩動，可以想像是龍，也可以想像是鼯鼠；又或是把逗貓棒四處移動，想像在小學運動會操場上來回奔跑一樣。我根據她的指示發揮想像力，加入「猶如龍尾」、「躲藏的鼯鼠」、「田徑比賽」等助興詞揮舞著逗貓棒，但是並沒有得到熱烈的回應。因為我雖然學到反覆但具有差異性的遊戲技巧，但實際上我自己並未完全放開走入那個境界，所以在我的遊戲中散發人為的、虛假的氛圍，又春立刻就看穿了，因此並未呼應我的遊戲。

　　於是我準備了秘密武器，是與眾不同的遊戲方式，透過停止和移動間的時間差，在反覆中帶來差異性的高難度遊戲法。先移動逗貓棒上的魚玩偶或繩子，然後突然停下來，連呼吸都停止，這讓又春立即產生了好奇心，對逗貓棒產生興趣，慢慢地蜷縮身體然後撲上去，就在這一瞬間我會迅速揮動逗貓棒，又春就會瘋狂地陷入追逐遊戲中。一旦感覺又春好像習慣了模式，感到無趣的話，我會在反覆的停止和移動中做些調整。

　　「哈哈哈，我知道訣竅了，我知道了。」

　　我忍不住感到驕傲和自滿，像是領悟到了與又春遊戲的本質與終極。但是我這個秘密武器只維持了一個月，又春就變得意興闌珊，遊戲時又「喵喵喵」地跑去找妻子。

習慣是我最大的問題，我以為「只要在技術方面稍微有點差異就可以了」，而且自認已經很了解又春了，但在總是透過生成和創造開啟新篇章的演繹中，我的技巧實在端不上臺面。雖然透過文章了解德勒茲提出的「差異的反覆」概念，但在實際與又春的遊戲中，我卻不斷跌入熟悉的反覆、同樣的反覆、一目了然的反覆中，這時，是妻子的大聲斥責喚醒了我。

　　「你看，你看，又是老套，跟昨天一樣啊。」

　　我心裡一驚，我一直都只是在尋找表面技術或簡單的方法，卻經常忘記又春是世界上獨一無二的存在，是不斷生成和創造的生命，我這種態度很快就被妻子看穿了。

　　與又春玩遊戲時，總感覺自己是站在與生命連接的人生課題面前，而且是在妻子面前接受對生命態度的考驗一樣，我是一邊玩遊戲，一邊努力回應又春拋出的好奇與疑問。這個下午，看著蜷縮起身體盯著逗貓棒的又春，我腦中浮現了從伊壁鳩魯的偶微偏概念，到德勒茲的差異的反覆等穿越時間水平線的哲學提問。

　　現在差不多該與又春玩一場了。沒有時間，因為生命拋出疑問、回答會持續反覆，偶發性又具特異性的遊戲時間總是很精彩，又春的活力和能量總是滿載，我是個被牠牽著鼻子走的貓奴，而我一點都不覺得討厭。

不離開也能旅行的方法

·

游牧

　　游牧（nomad）是德勒茲與伽塔利在《千高原》一書中展示的自由概念。不是「居住」這樣的固定觀念，而是四處橫貫、對局部領域打開觸覺性的感知，發現其深度和潛力的態度，這就是游牧的態度。同時，游牧是向束縛自己的一切宣戰，由此來看它也是戰爭機器。在這堂課中，將介紹在原地旅行的游牧概念。

對 8 歲的貓咪達公來說，我們 15 坪多的研究室既是宇宙也是世界。達公是在九老洞附近的小巷裡被發現的，當時牠因為失去了媽媽而哭泣。達公多愁善感又很害羞，只要有人出現就會立刻跑到角落躲起來，再悄悄地望著外面，不過牠對於自己擁有的小小領域裡的各種色彩、氣味、聲音、味道等非常敏感。達公住進研究室 7 年，從來就沒有離開過，但對圍繞在周圍環境所具有的意義、秩序、配置等，牠比任何人都清楚。

達公會和其他貓咪們一起玩狩獵遊戲，累了就趴著可以大半天都只望著窗外，也會和喜鵲互通不為人知的信號；牠會對奴才們嘮叨，埋怨沒有好好打掃貓砂盆；牠總是去固定位置的水盆喝水，躺在書桌上自己專屬的毛毯休息。

看著不脫離自己的位置，也能過著充實生活的達公，讓我聯想到限定意識範圍的技術，也就是限制範圍的技術。這是源於現象學的概念，伽塔利在其著作《機器無意識》（L'inconscient machinique:Essais de Schizoanalyse）中，運用這個概念，透過物種領域的「間

奏」（ritornello，是指巴洛克音樂中反覆出現的段落，多出現在交響樂團協奏曲中。）來說明領土符號化、節奏符號化現象。現象學提出「怎麼知道？」這一根本性問題，認為知識並不是對一切開放就能成立，需限定在一定範圍內時才有可能，所以換句話說，如果會意識到四周的噪音和雜音，那要怎麼看書呢？從躺在我腿上達公的呼嚕聲、電腦運轉的聲音、隱約傳來的音樂聲，到從廚房裡水壺沸騰的聲音，我所有的感覺都圍繞著我，這樣我會連一個字都看不下去。當然，對外部侵入的警戒本能會不斷產生，但是只有將神經和感覺集中到一定範圍內，識別系統才會開始啟動，也就是說，範圍限定技術是知識成立的條件。

信息量多少也與知識成立有關，在接觸很多信息的環境中，知識不會成立，因為在分類和處理大量信息的過程中會感到疲憊；相反的，信息越少，就越可能成為知識。信息熵（entropy）[2]的值高，知識就會成立，在學習上來說，現有教育觀就是讓學生成為背誦無數信息和純粹的接收者，然而只有信息熵的值低，才會產生從「習」而得到知識的可能性。

例如，以前陶藝匠人門下的學徒，入門的第一年只能生火，第二年只學習和泥，這是他們以習獲得知識的訓練

---

[2] Entropy 這個字來自希臘文，意指「內向」。熵的概念是德國物理學家克勞修斯（Rodolph Clausius）於 1854 年提出，是一種對物理系統之無秩序或亂度的量度。在資訊理論中通過概率等概念將物理熵、資訊量和有序化連繫在一起，而「資訊與熵是互補的，資訊就是負熵」的觀念亦因此建立。

過程，透過反覆進行單純、固定的工作，充分熟悉火勢、泥土的狀況。貓咪達公雖然只停留在狹小的研究室，但是透過範圍限定技術，也許已經得到了關於世界的智慧。我工作時大都會把達公放在腿上撫摸，達公偶爾也會對螢幕上的畫面表現關心，當然，這只是根據範圍限定技術的小世界中的小事件。

達公把所有的感覺都集中在自己所在的地方，打開了觸知的範圍，透過觸知和感覺演繹出能夠感受到自己正在被愛的空間裡。對達公來說，研究室這個小場所就像是刻印了自己的感覺和感受的巨大宇宙一樣，這個放置了達公專用的毛毯和坐墊的室內空間，刻印著與外部隔離的溫暖、柔軟、甜蜜。

貓的游牧，游牧的貓

歷史中野生的貓就是德勒茲和伽塔利所說的游牧，即過著像游牧民族般四處流浪棲息的生活。但某天發生了驚人的變化，貓咪一步一步走進人類社會，將流浪的習性轉變為在原地旅行，對此，有人說貓是為了馴服人類才進入人類社會。狗被人類馴服，但貓卻馴服了人類；貓出現在人類社會是一個風波，獨立心如此強盛，不知何時會變身游牧的動物在人類社會占有一席之地。由此看來，或許人類應該放棄馴服動物的設定和目標，嘗試去適應貓馴服人的優雅過程。

　　德勒茲和伽塔利在《千高原》中揭示了游牧的哲學，韓國農民運動家千圭錫在《遊牧主義是侵略主義》（暫譯）一書中指出，這是歷史無意識的跋扈，預見到了跨境資本出現的新自由主義。德勒茲與伽塔利合著的《千高原》是對抗定居型的國家主義，建立自由人、流浪者、藝術家等以游牧為中心的自由思維體系。

　　尤其是在書中出現的「皇家科學」和「游牧科學」的對比非常特別，根據德勒茲和伽塔利的說法，皇家科學是由專家企劃和設計，遵循以「○○是○○」的定義為基礎解答的學院式工作原理；而游牧科學就像在共有土地上的特別經驗或匠人的智慧，以「○○是○○嗎？」的方式提出問題，擁有自己體會的原理，存在本身就是提出疑問的生命、孩子、少數人的學問。

　　從「回答？」或「提問？」這一點可以看出，皇家科學和游牧科學是對立的。回答有種對本質或理由瞭如指掌的態度，形成「因為我是專家」、「我早就知道它的意義了」、「我有可以判斷的權力」的脈絡；但是提問關注的不是本質和理由，而是啟動和樣貌，提問代表可能有很多回答，可能全都是回答，也可能完全沒有回答。「回答」這個設定，是事物與表象對應形成的唯一正確答案，而「提問」的設定，為隱藏在事物中的豐富多彩的潛在性創造了空間。由此來看，皇家科學是基於表象主義，游牧科學則是基於結構主義。從表象主義的立場來看，答案只有

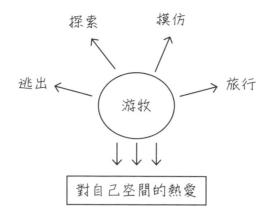

一個；但從結構主義的立場來看，答案可以是多個，可以是全部，也可以是沒有答案。因此，表象主義被稱為客觀真理論，而結構主義則是「知識＝做（行動、實踐）＝生活」的智慧。很明顯，處於可以定義「○○是○○」的位置會激發權力的喜悅，但是事物、生命、自然、機器的潛在性和深度，不是可以輕易判斷和定義的領域，因為事物、生命、自然、機器中包含無數的意義、表象、情感。由此看來，皇家科學創造的學問秩序，培養出對技能、作用、本分、本質、理由輕易下定義的人；而游牧科學創造的學問秩序，是關注生命和自然的潛在性，對它們提出的宏觀問題進行深入思考。

　　游牧是一種實驗，也是一種實踐，不停留在一個地方，經常橫貫、遷徙、變異的思維和行動就是游牧。游牧在移動方面與流動（mobility）相似，但行動方式和思維

存在差異，例如已經安排好行程的觀光，與前往未知地點的旅行差異就源於此；如果流動是觀光，那麼游牧就是旅行。雖然海外旅行普及，乘坐飛機、汽車、火車快速移動的人不斷增加，但他們並非都是游牧，反而是如果有人雖停留在局部領域，但對周圍環境有豐富的觸知感受，充滿了愛和智慧，那麼就是游牧。當然，可以拋下所有一切，揹著一個背包，隨時出發，那也可以視為游牧，因為根據德勒茲和伽塔利的說法，隨時都可以離開的人，對近距離存在事物的深度和潛在性具有觸知和感受，可以為了發掘新的生活方式而擺脫日常，從自己未接觸過的不同的環境所連接的事物開始。

局部絕對性，原地旅行的方法

我小時候家裡曾短暫收留過一隻流浪貓，我把吃剩的飯泡在大醬湯裡遞給牠，沒想到牠吃得津津有味，還像在自己家一樣在地板上呼呼大睡。此後，那個小傢伙在我家待了好幾個月，但有一天卻突然離開了。那隻流浪貓是游牧貓，雖然跟我很親近，但是對拘留、干涉、干預保持距離，維持警戒，時時刻刻都準備好要離開，同時對自己所停留場所的愛和感覺比任何人都要發達。這也許是因為做好了離開的準備，所以更忠實於每一瞬間與周圍環境的感覺。

但是，「為了發掘新事物，必須遊走全世界旅行嗎？

還是應該就近發掘周遭環境的深度和潛在性？」嚴格來說，兩者都對。因為即使走得再遠，如果懷有固定觀念，就不是游牧；相反的，雖然未離開，但只要隨時都有新的發現，就不是定居。流浪貓雖然總是做好離開的準備，但擁有對自己停留場所的獨特觸知與感受。離開的游牧，也就是遷徙橫貫的游牧，與停留的游牧，也就是為發現周遭事物的深度和潛在性並進行探索的游牧，這兩種都存在。或許有人會對「停留的游牧」這個概念感到矛盾，但如果從自己身邊的空間、人物、對象中發現新事物，那就是可以與漂泊全世界相媲美的游牧。

但很多人對局部絕對性有各種誤會，例如：「停留在局部的行為怎麼能叫游牧？」答案可以從觀察貓咪中取得。貓咪就算不停留在一個地方，對場域的歸屬性還是很強，社區的流浪貓們不會跑得太遠，活動範圍總是在半徑2、3公里以內，如果有需要，就一點一點地拓寬領域。流浪貓對自己所屬領域的觸知感受持續發展，同時隨時準備離開。

仔細觀察我們周圍環境的局部性、有限性，就能感受到人生的真實性。清清楚楚地觀察身邊的人，自己的世界就不會被關閉，因為周遭的人、生命、對象中隱藏著宇宙和自然、生命、量子、微生物的潛在性。宋朝的儒學者邵康節提出「以物觀物」的概念，指出「從路邊的石頭中可以窺視宇宙的奧秘」。東學的敬物思想也有類似的感悟，

世界上沒有什麼是可以一眼就看穿的，世間萬物都是應該尊敬的對象。

對身邊的人、事物、生命、自然，不單憑眼睛所見，而是觀察它們的潛在性和深度。這是什麼意思呢？這代表將某個對象視為問題，而不是作為回答的表象、對象、形象。我面前的對象可以變身很多模樣，可以變容，擁有無數的回答。

就像邵康節的思想，石頭裡也蘊含了宇宙萬物的秩序，探索對象的潛在性和深度，就會發現周圍萬物存在的偉大和廣闊的地平。

前面提到過，達公在客人來訪時，會害羞地躲藏在暗處，所以我心裡一直認定達公是隻怕生的貓。然而在某個春天的傍晚，一切好像理所當然似地，達公在眾人聚集的桌子之間漫步，然後坐在桌子中間開始埋毛，吸引了眾人的視線，不僅如此，牠還爬到正在講課的我的腿上，配合著我的聲音節拍發出「喵嗚、喵嗚」的聲音。看到這一幕，大家無不哈哈大笑，那一刻達公成了帥氣的講師。後來達公又有幾次類似的行為，讓原本認定「達公本來就是隻很怕生的貓」的我打破了固有想法。

還有一件事，一直以來，達公只要看到 MOMO 就會哈氣，毫不掩飾討厭的情緒，但是有一天，MOMO 在玩的時候受了傷，發出呻吟，達公突然流露擔心的眼神看向 MOMO，接著舔了 MOMO 的背，還禮讓 MOMO 先吃飼料，

自己在一旁等著。在那一瞬間，貓咪表現出了深厚的友愛之情，原本認為「MOMO 和達公本來就不對盤」的我也徹底改觀。其實 MOMO 和達公很友愛，如果不是為了爭奪媽媽的愛而競爭，牠們是會互相照顧、互相愛護，互相關注、尊重對方的存在。雖是一起生活的貓，但也不能輕易判斷牠們，同樣的道理，對我們身邊的人、事物、自然也不能輕易下斷言，因為萬物的內在深處都擁有尚未被發現的潛在世界。

德勒茲和伽塔利發現一隻游牧貓

我們夫婦在上下班路上，只要看到流浪貓都會餵食飼料，前幾天在家附近看到非常會撒嬌又可愛的小傢伙，牠毫不客氣地吃著我們給的飼料，吃完就耍寶，好像一直以來都如此似的，然後又一溜煙地跑走。我們瞬間被那小傢伙的魅力迷惑，我們給那隻貓取名叫「鍋巴」，因為牠一身淺黃色的毛讓人想到鍋巴。後來好幾次都在家附近的小巷裡遇到鍋巴，不過一旦有其他流浪貓侵入鍋巴的領土，牠就會毫不留情地顯露出兇惡的樣子，牠仍是隻準備好對侵犯和干涉者宣戰的野性發達的流浪貓。

德勒茲和伽塔利的游牧概念並不侷限於使內部環境變得柔和甜蜜的範圍限定技術，多少也談及像戰爭機器那樣具攻擊性的概念。戰爭機器意味著自由的游牧民，對阻礙自己的屏障般的國家裝置宣戰，突破這些障礙，找回自

由。也就是説，為了守護自由，自由人的行動可能多少也會以攻擊的方式表現。戰爭機器的概念不僅適用於發動殘酷戰爭的戰士集團，還適用於像自由藝術家一樣，具有再創造世界能力的人，他們可以算是和平的戰爭機器。

但是這兩位哲學家為什麼偏偏使用「戰爭」這一概念，不是很容易引起誤會嗎？這可能是為了構思足以與戰爭匹敵的斷絕、分離、飛躍、跳躍的劃時代轉換方法論。這種游牧民超越國家裝置的行動，與因全球化出現的新行動模式有關，也就是不只是由上而下的資本全球化，還有由下而上的勞動全球化，都帶來了移民、異鄉人、難民等問題。跨越國境，彼此不同的存在混雜在一起生活，可説會帶來與戰爭相匹敵的結果。

游牧貓達公終於從牠的專屬席位起身，現在正專心吃飯。在神聖的用餐時間，我靜靜地給達公空間，等用餐時間結束後，達公會一如往常，開始理毛、玩耍。我認為在原地旅行是達公擁有的貓生智慧，凝視著達公的潛在性和深度，在牠晶瑩的眼睛背後似乎隱藏著宇宙的真相。

你在我身邊，成為我們
·
配置

　　社會關係網絡不是根據不變項的結構形成，而是以可能破裂或損壞的有限關係網配置（agencement）來組織。這裡的配置包括人類／非人類融合的關係網絡、位置、相位、地位、排列、動態編排等統稱。就像星群形成星雲一樣，根據配置進行思考、說話、行動，這就是德勒茲和伽塔利哲學的構圖。這堂課主要講述動物和人類之間的配置，探討其中的深度和潛在性。

一天傍晚，我正努力在寫氣候定義項目報告書，或許是因為這份報告是思考解決氣候危機和不平等問題的沉重主題，在我的腿上睡得渾然不知世事的達公感覺似乎比平常更沉重。

　　「達公未來至少還會再活個 8、9 年，到時候世界會變成什麼樣子？」

　　我一邊寫文章，一邊思考達公和我所創造的非人類與人類相融合的關係網絡，也就是配置。要說我大部分時間都是和達公一起寫作也不為過，我認真敲打鍵盤之際，也會偶爾騰出手來撫摸爬到我腿上熟睡的達公。達公是我寫作找不到頭緒、彷徨不定、以及文章的方向快偏離時，會及時拉住我的準據座標和配置。

　　在這裡說的配置，是類似位置、相位、地位、排列、矩陣、動態編成等意思，配置帶來的穩定感和強度，讓我們沉浸在熱情和喜悅之中。配置是決定思想或語言本身最重要的因素，我對自己身為貓奴的配置感到相當滿意，除此之外，我還具有某人的父親、某些人的朋友、某人的丈夫等配置。

在眾多配置中，我認為像德勒茲和伽塔利的構想一樣，自由人制定的集合性配置，即開放的共同體非常重要，因為在開放的共同體中，成員們是自由的，所以不會被權威壓制，也不會因為對死亡的恐懼而被支配，可以在不拘泥於利害關係或利益的情況下發言和行動。

配置是以伽塔利在青年時期的經歷為基礎創立的概念，據說當時伽塔利做了個惡夢，他去找讓·歐利（Jean Oury）博士傾訴，歐利博士說夢的內容並不重要，重要的是睡眠的本質，伽塔利聽了之後思考發展出配置的概念。

在我 25 歲時，對一切還模糊不清，歐利是撼動我的人。我多次向他詳細說明我的痛苦，有一天他如此回答我：「你睡覺時，是往哪邊躺呢？右邊？好，那麼從現在起就往另一邊躺吧！」分析有時就只是這樣而已。只要轉向另一邊躺就可以了。[3]

像閒談一樣，但歐利博士的觀點實際上具有深切的洞察力，說明配置左右了無意識、語言、行動。貓在某些配置上很活躍，在某些配置中會很快就入睡，在某些配置中又很怕生；人也一樣，根據不同配置，思想和行動形態必然會有所不同，特別是說話與配置的關係。以我自己為

---

③伽塔利。「伽塔利的對談」中『與米歇爾·傅科（Michel Foucault）的訪談』，1985 年，134 頁。（國內未出版）

例，當我站在臺上演講時，如果臺下聽眾眼神明亮並不時有適當的助興聲，給予強烈的回饋時，我會更有自信；但若看到聽眾眼神失焦，看起來不集中時，我就會變得畏縮，內心深處莫名的羞愧感逐漸加重。

所以要說是配置決定了當下故事的開頭和結尾也不為過，以同樣的脈絡，在共同體開會時，成員們給予的連接感、共鳴，那種有人可以深入自己內心的感覺，會破壞自我、利益、利害關係等僵硬武裝的心，以愛與改變後的話語發言，那一刻，感動的言語、共鳴的言語、希望和渴望的言語才會萌芽。

同伴，與貓相融合的強烈星座

那天有個重要的簡報，我提出對環境問題、生態問題、生命問題的發表，參與者們反應熱烈，那正是一個巨大配置形成的過程，人們拋出許多問題，我坐在最前面，也積極地回應大家的提問。但是就在關鍵時刻，一向害羞的貓咪達公走過來，突然爬到我腿上，像往常一樣趴下安靜地入睡。這等於是在十多人面前公開了我的工作是在何種配置下完成的，當場大家都笑了，達公熟悉我工作狀態的配置，所以像平常一樣以熟悉的姿勢睡著了。

就像星星組合在一起形成星座一樣，在地球上的兩顆星星，我和達公，也結合成為強烈的星座。我認為與貓組成一個星座進行發言和寫作，代表在地球上擁有特別的位

置。貓的柔軟動作喚醒了對微小存在的細膩感覺；貓搖尾巴的節拍與我敲鍵盤的節奏巧妙地融合在一起，形成了生命的和音；貓偶爾醒來翻來覆去，就像是生命發出的無言警告，提醒不要沉迷在感情和情緒中過度興奮或傲慢。雖然有時候貓不在我腿上，但我也會像幻肢痛一樣，感覺在那個位置總是與貓在一起。

我經常把達公當作「同伴」，同伴不像同志，彼此志同道合抱著必死決心的存在，也不是像朋友那般親密、緊密的意思。同伴在韓文中為「동무」，用的是一同的「同」（동）、舞蹈的「舞」（무），當彼此共同體的意識強度提高，就是可以共舞的存在。同伴是來往於人類和非人類的概念，是在我們周遭包括貓在內的所有生命與牠們的配置的故事。在人類、動物、事物、機器相融合的配置中，強度，包括密度、力道、溫度、速度如果提高，會出現語言、想法、行動，以及能夠完成的人，如此一來，動物們也會感觸到強度，從原本的位置毅然起身，熱情地行動，此時動物們才能感受並領悟到，我們是同伴的事實。

當我有好消息興奮地想告訴妻子時，原本趴在我腿上的達公也會突然感受到那種氣氛，興奮地起身一邊喵喵叫地跑到別處。達公非常微妙地捕捉到我與妻子說話時的心情或感覺，並根據情況決定反應。例如，當我們起爭執時，牠會突然插進來「喵嗚～喵嗚～」，像勸架一樣，我和妻子就會忍不住笑出來，然後牠又回到原本的位置窩著。看

著達公往返妻子和我之間，挺身出來解決矛盾的模樣，就會覺得這個小傢伙敏銳的感受和反應，是牠與我共同配置的效果。

我有個單身的朋友也養了貓，過著與貓一同形成配置的生活，有時在社群網站上看到他們登入，就會也很期待在那可愛配置下造就的心靈、言語和行動。我認為與貓一同形成配置，或許是過著單身生活的人獲得心理、情緒、靈性支撐的方法之一，某個生命在身旁呼吸、睡覺、吃飯、排泄，這意味著在自己生活深處，有某種生命的配置正在塑造自己。生命在看不見的地方幫助、支撐我們，帶給我們力量，那個生命進入我們生活和心靈的深層領域，暗示這個地球是我們與其他生命一同使用的地方。對單身的人來說，貓既是家人、是朋友、也是同伴，就像彼得‧辛格（Peter Singer）在《動物解放》（Animal Liberation. A New Ethics for Our Treatment of Animals）中提到，人應超越作為動物代理人的意識，與動物形成配置，成為同伴。

機器配置VS.集團配置

與哲學貓的配置也是我進行哲學研究的原動力，觀察望著窗外、陷入沉思的達公，就會產生想要窺探宇宙、生命、自然奧秘的欲望。從與達公的配置本身來看，不僅是人與人的關係，人與其他生命的關係、人與事物的關係也

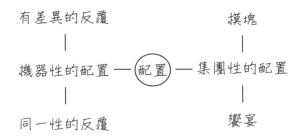

非常重要。達公不是會照我的命令行動的存在，但也並非完全未意識到我而隨心所欲，我們是互相影響、不斷調整自己位置的關係。所以配置絕不是單方面或自動形成的，而是在互相尊重的同時，根據彼此的狀況，不斷將零碎的想法和行動拼湊在一起，同時伴隨著藝術和美學過程。

　　德勒茲和伽塔利將配置分為反覆的「機器配置」和作為集合編制的「集體配置」。機器配置由「差異的反覆」和「同一性的反覆」構成，四季、生命週期、日與夜、漲潮和退潮等是有差異的反覆配置，生命和生態、生活雖然不斷重複，但透過其生命力產生差異，呈現出有差異的反覆，有差異的反覆也可以說是創造生命和生活的我們的日常配置；相反的，當然也有單純、單一機械性的反覆，例如軍隊、監獄、醫院等，就鑄造了同一性反覆的文明。

　　在配置中，需要重點討論的是集體配置，伽塔利在討論治癒集團的《精神分析和橫貫性》一書中，講述了作為心理、情緒、靈性支持者的集體配置作用。假設一個精神

痛苦的人，若要獨自一個人外出可能很困難，但如果旁邊有可以幫助他、團隊合作良好的治癒集團，這樣的配置就會使他變得更堅強。對集體配置的研究目前仍在進行中。

1990 年代美國聯合同盟國，集體對古巴採取石油禁運措施，當時讓古巴面臨莫大的國家危機，禁運造成食物短缺，古巴全國國民的平均體重減少了 14 公斤，這是史無前例的事。當全體國民都在挨餓之際，擠出最底層的力量，發動有機農革命，古巴人每 2、3 人組為一隊，為了鼓勵彼此不暈倒，他們會不斷交談，一起走向有機農場耕作。像這樣以不到 5 人的少數單位結社，意氣相投的集體配置被稱為模塊（module）。

但也有純粹為了樂趣形成的配置，例如「慢食協會」，以 3、4 人一組，在食物面前追求興味與樂趣。這種場合稱之為「饗宴」（convivium），即共生共樂的集體配置，雖然像宴席一樣放鬆，但同時追求增長與趣味。在事業體內部也有類似像合作社那樣的集體配置，哲學家柄谷行人稱那種集體配置為「association」──個人自發性的聯合，並強調其重要性。

近來根據模塊或饗宴等微型的集體配置越來越突出，連一直以來眾所周知代替集體配置的共同體，也因為在內部建立觀眾與舞臺，讓某人成為主角、某人成為旁觀者，而使關係無法實質化，因為接收與自己無關的人的訊息、與自己無關的人進行交易、與自己無關的人隔著一堵牆生

活的城市居民，對舞臺和觀眾、主角和旁觀者的設定非常熟悉，相較起來對形成集體配置關係就比較陌生。

這個問題的解決方法，是要先擺脫主體和對象、主角和觀眾、專家和大眾這些對應關係後再形成集體配置。這個集體配置可以作為實存的準據座標，不斷建立自己和自己的關係，設定自己的位置，作為焦點調節過程的關係網絡。在這樣的關係網絡中，誰是主角、誰是觀眾這些設定就會變得毫無用處。

伽塔利在《機器無意識》中引用馬塞爾‧普魯斯特（Marcel Proust）在《追憶似水年華》中的故事為例來描述配置。男子遇到一群像鳥兒一樣吱吱喳喳的少女，他與其中一名少女墜入愛河，並體驗了婚姻生活的日常，但最終他明白了自己愛的不是那名少女，而是那少女所在的位置，也就是那些像鳥一樣吱吱喳喳的少女們創造的如花綻放的星雲。愛上集體配置本身可謂是瘋狂的愛情，人們在共同體中一起跳舞、飲酒、玩樂、開心、痛哭、大笑等行為，也被認為是對集體配置的愛的表現。

登上生命平和的高原

我認為德勒茲和伽塔利是熱愛配置的哲學家，他們關注的不是一個人教導另一個人的啟迪關係，而是兩個人之間構成與眾不同的主體所產生的可能性。主體並非由職分、作用、功能、責任、信任等造就出的生硬的自我，其

關注的是兩人之間非你非我，可能是兩個人、或其中之一的主體間性的發芽和生成。當然，在兩個以上的關係中也可能出現意外。兩人一邊談論配置的概念，一邊自行確認關係網絡的性質，就像我和貓咪達公組合而成的星座一樣，注意彼此的存在，不斷調整位置，把對方當作實存的準據座標。配置創造語言、創造想法、創造能夠完成這些事的人，但不命令也不教導、不訓誡，而是靜靜地等待，互相提升，傳達強度，一起成熟。

德勒茲和伽塔利兩人在《千高原》中提出了「高原」（plateau）的概念，表示高原不是追求高潮（climax）的現有普遍認知的性方法論，而是提高強度達到高原，在其中介紹了會分享雲雨之情的伊特穆爾族（Iatmul）[4]的性方法論。我認為配置就像高原一樣是持續強烈的美學、倫理的共同體關係內具有的內在力量。我們並非以最高潮的快樂和喜悅為目標，而是應該讓配置帶來的強烈力量持續下去，並對此進行感應。爬上高原，就會看到山巒、平原、雲朵、羊群，世界萬物在底下流動，持續著強烈的景象在眼前展開。這樣的高原不是追求單一的中心，而是要擴散、成長、增殖到千個、萬個。

達公與我的配置是無數高原中的一個，透過我們之間的強度、密度、速度、溫度，我們創造了無數的想法、言

---

④ Iatmul 是一個人口約一萬人的大族群，居住在巴布亞紐幾內亞塞皮克河中部的兩個政治自治村莊。

語和行動。當達公在我的腿上熟睡時，我處於無法隨意移動的狀態，但我並不討厭這種狀態。一個生命依靠在我身體的一個部位，在那裡沉睡、做夢，這讓我也同樣以另一種方式夢想著，或許達公與我的配置，在未來會創造出更多言語、想法和行動，這是我們讓配置更豐富多樣化的方法之一。現在，達公把敲打鍵盤的聲音當作搖籃曲一般睡著了。生命平和的高原、我們要攀登的高原，並不是令人窒息的地方，而是吹著涼爽又強烈的風的高原。達公和我登上的地方，就是那些高原之一。

第 ② 部

生命 LIFE

從貓咪身上學到生命的珍貴

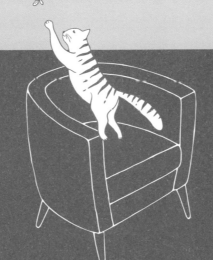

生命是一起共度

·

共生演化

　　共生演化是美國生物學家琳·馬古利斯（Lynn Margulis）所提出的理論，主張外部的病毒或細菌是人類形成的必需細胞，這代表了我們與微生物的共生，從這一點來看，共生演化是與主張競爭和成本效益的社會進化論相抗衡的概念。在這堂課中，我想表達的是與生命的共生是生活的基本態度，人類並非具有競爭優勢、適應力最好的個體，應該成為與自然一同生活的人類。

每回想起與我們研究室的第三隻貓—— MOMO 的相遇，就覺得一陣心痛。當時是聽到在我們研究室樓下的 MOA 茶館和 MORAM 商店的老闆說，在建築物大門前有一隻小貓似乎在哭泣，牠身形十分瘦削，眼睛沾滿了眼屎幾乎看不見，肛門裡硬邦邦地塞滿糞便，我們夫婦得知後立刻跑過去查看。

　　「天啊，怎麼辦？」

　　妻子急得直跺腳，小貓的狀態非常不好，我們急忙帶去動物醫院。檢查結果，眼睛是感染了疱疹病毒但可以治好，嚴重的是排便問題。我們夫婦決定收養牠成為研究室的第三隻貓，並以發現小貓的 MOA 茶館和 MORAM 商店合起來為小貓取名為「MOMO」。從那時候起，妻子也擔負起主要的照護工作，但我們夫婦從來沒有照護經驗，也沒生養過孩子，所以初期跌跌撞撞，走錯了不少路。

　　隨著時間流逝，妻子似乎逐漸掌握了訣竅，她將飼料磨碎後放入水中攪拌餵食，餵食完會輕輕揉搓 MOMO 的肚子，協助牠腸胃蠕動，再加上餵藥，精心護理。但儘管如此，不容易排出的糞便還是擠壓到 MOMO 的脊椎，甚

至已經到了尿失禁的狀態。我們向動物保護團體相關人士諮詢，由於 MOMO 的情況非常嚴重，甚至還提到了安樂死。但妻子始終沒有放棄，我也在一旁協助，祈禱 MOMO 早日康復。

某天一大早，我們來到研究室打開大門進去，看到室內到處都是 MOMO 的排泄物，小傢伙一晃一晃地走近我們，我們開心不已。就在幾天前，動物醫院的年輕獸醫師建議，可以試試給牠吃南瓜，或許會有效果，於是妻子抱著抓住最後一根救命稻草的心情煮南瓜，再壓成泥和泡軟飼料混在一起餵 MOMO 吃下，沒想到幾天的時間，MOMO 竟然真的順利排便了，小貓 MOMO 等於是喜獲重生，當天的喜悅、感恩、激動至今仍記憶猶新。

之後妻子一直把 MOMO 帶在身邊。工作時，MOMO 就坐在妻子的腿上，如果妻子進去洗手間，MOMO 會坐門口就窩在妻子的室內拖鞋上把鞋子弄得暖暖的。妻子和我遇到生病的貓孩 MOMO 後，變得更加成熟，挽救小生命的經驗改變了人生意義，我們重新領悟到，與一個生命在一起是多麼令人喜悅的一件事，生命是何其偉大啊。

隔年，另一隻小貓加入研究室，我們為牠取名叫「又春」。發現又春時，牠因病毒感染而眼球膨脹，最後不得不摘除一邊的眼球。如果再早一年發現又春，或許我們夫婦不會冒險收留，然而因為先有了照護 MOMO 的經驗，讓我們不知不覺產生了勇氣和信心，我們沒有花太多時間

考慮，就決定收留並照顧生病的又春。不過卻發生意料之外的事，當時病重的又春來到研究室，MOMO 就把又春當作是自己的小孩一樣，對又春又舔又抱，感覺就像妻子照顧牠時一樣，這回換 MOMO 來照顧病重的又春。實際上我們確實把照顧又春的事交給了 MOMO，讓又春保持溫暖，排泄後清潔肛門、理毛和哄睡等大部分的事都是 MOMO 做的，包括在又春進行手術後剛回來那段艱難時期，MOMO 充分發揮了保姆的作用，讓我們夫婦減輕很多工作。

現在妻子的身邊是 MOMO，而又春則趴在大腿之間，正在睡午覺。遇見這兩隻貓咪之後，妻子起了很大的變化，這兩隻貓咪與妻子一同經歷困難並一起成長，正好可以藉此來說明共生演化這了不起的概念，真是太好了。

琳·馬古利斯的共生演化論

在琳·馬古利斯與多里昂·薩根（Dorion Sagan）合著的《生命是什麼？》（What Is Life?）中，系統性地揭示了共生演化論。共生演化論的主要內容，是確認了真核細胞或線粒體等細胞必需的構成要素，來自於外部微生物細菌或病毒。當時主流學界以社會進化論為大宗，因此對主張共生演化論的女性生物學家馬古利斯並不友善，無法接受主張人類與引起疾病的病毒或細菌共生的荒唐假設，許多學會都不允許馬古利斯發表論文。但是情況很快就逆

共生演化論
我們是互相合作的存在

Together!

轉，因為人類基因組計畫結果的科學證據顯示，體細胞和細胞內的真核細胞、線粒體等 DNA 序列來自於外部。如今，共生演化論已是被認可的定論。

馬古利斯的共生演化論還揭露了一個重大事實：生命不是為了競爭而誕生，而是為了共生與合作而存在；能引發疾病的細菌或病毒成為生命的必要構成要素，與生命合作共存。所謂的「感冒好了」，並非是將體內感冒病毒全都殺死了，而是罹患感冒的人在經歷病毒侵略的痛苦後，與感冒病毒形成和平的共生狀態；又例如我們進食、消化然後排泄的過程，必須在體內有數萬種細菌活動的狀態下才能夠發生。由此看來，我們的身體可以說是共生生命體，當然，這當中並不包括病毒和細菌是否為善良生命體的價值判斷，所以我們仍不能忽視衛生和提高自身免疫力的重要性。其實我們吃東西不只是為了攝取營養，據說遠古時代的原始細菌還會透過相互捕食，來交換有關環境的遺傳信息，所以吃東西可能是交換遺傳信息、環境信息、

微生物信息的過程。

養過狗和貓的人都知道，寵物身上的細菌或病毒對強化免疫力有多大幫助。貓咪不是布滿骯髒細菌的生物，通過交換對我們身體有益的細菌和病毒，長期下來對孩子或老弱者的健康有一定的幫助。看著可愛的貓，還能兼顧到身心健康，何樂而不為呢？很多父母曾苦惱，在室內養寵物會不會造成孩子容易生病，但馬古利斯明確提出了共生演化論的觀點，當人體接觸更多的細菌和病毒時，自身免疫力同時也會提高。當然，對於伊波拉病毒、SARS、流感、新冠病毒等毒性強、對免疫系統有強大威脅的病毒，我們仍必須特別注意，不過總結來說，大部分人體免疫系統可以接受的細菌或病毒，對人類有較積極的影響。因此人與貓的共生，也就是與貓身上擁有的眾多微生物共生。也許人類是眾多微生物的聯合體，即超細胞體的一種，如果我們死了，超細胞體就會瓦解，數億個微生物會分散回到自然中。由此看來，人類也是眾多微生物的共生生命體。

社會進化論與共生的生態系統

現在我們已經可以了解在共生演化論之前的主流學說，也就是社會進化論的侷限性。社會進化論是赫伯特·史賓塞（Herbert Spencer）繼承達爾文（Charles Darwin）創立的進化論，而提出的自然選擇說。社會進化

社會進化論
我們是彼此競爭的存在

論是為了支撐當時的成長主義社會、資本主義社會的效率性和速度、功利主義等，根據生物學概念而生的理論，社會進化論認為生命是在競爭中生存下來的，提出競爭、成本效益、最佳適應等觀點，但是我認為這種主張與實際的生命相當不符。

舉例來說，我們家四隻貓之間的競爭，與其說是為了生存，我認為更接近於孩子們想爭取更多媽媽的愛，而因此展開的混亂競爭。這並非只有適應力最強的個體才能生存的生死擂臺，而是所有生命在自己所處的環境中大致上都能適應生存，並非只有透過競爭後的少數個體才能適應。這種結構讓人聯想到食物鏈金字塔，因為在金字塔最頂端的捕食者位置上坐著人類，所以社會進化論才會以人類的偉大作為結論。

主張最適者生存的社會進化論，無視生態界相互依賴的生存結構，徹底堅持個體中心主義的觀點，否定在生態界中，大部分適應生活的單獨個體會相互依賴、互相幫

助、共生的過程，只推崇在競爭最後的強者能生存，勝者獨食。但是草、花、蚯蚓、貓等生命都有各自適合的環境，不能斷言說哪個個體比較優越。在這種脈絡中，可以把生態界內大致能夠適應環境的個體是否具備多樣性，視為環境生態恢復力的源泉。在生態界，比起單一優越、適應力最佳的個體，能夠大致適應的個體種類越多樣化才更重要。

當然，我們家的貓咪之間偶爾也會發生排名之爭，不過如果 MOMO 出列，年紀最大的大心通常會故意避開，不和 MOMO 打交道，因此 MOMO 會自認排名最高。如果 MOMO 向達公挑釁，達公也會讓步，不會與 MOMO 爭執。而最小的又春是大家照顧的對象，所以在排名爭奪戰中是完全自由的存在。偶爾心情好的時候，牠們就互相理毛、彼此蹭蹭，以示友愛。

所以在我們家，眾貓咪的排名結果事實上是無解的謎團，誰都不是第一，但大家都是第一。雖然偶爾會為了爭奪媽媽的愛而競爭，但妻子從不會漏掉任何一隻，全都能得到撫摸，所以貓咪會發脾氣可能是在等待被撫摸時不耐煩所導致。偶爾會無法掩飾對 MOMO 偏愛的妻子，置身在所有的紛爭之中，如果她不展現德治或蕩平策[5]，就會出現互相猜忌、爭吵的狀況。但是這些騷動也只是大家在

---

⑤蕩平策是古代朝鮮英祖為鏟平黨爭而實行的政策。

共生的過程中發生的小插曲，貓咪們仍舊一貫互相幫助和關懷。

夢想與MOMO的共生演化

妻子身為 MOMO 的人類媽媽，給予愛和關懷；MOMO 則成為讓妻子更成熟的關鍵，彼此共生。問題是我，MOMO 對我似乎沒什麼好感，自從有一天，MOMO 目睹妻子和我輕輕地互吻，從那次之後，牠對我的態度就不同了，好像在說：「把媽媽還給我。」我儘量低調地接近 MOMO，極盡努力親切地對待牠，但 MOMO 總像是被嚇一跳似地逃跑。有時我會故意表現出和妻子更親密的樣子，一邊對 MOMO 說：「我可是爸爸啊。」但是在 MOMO 的字典裡似乎沒有爸爸這個詞。

最糟糕的情況是，當我獨自在研究室時，MOMO 會一直躲在抽屜櫃後面，直到妻子回來之前都不會出來。雖然 MOMO 沒明白地說：「我不喜歡你！」但是牠的行動全都表現出來了。為了擺脫與 MOMO 尷尬的同居生活，我努力接近牠，每當 MOMO 在觸手可及的位置時，我會輕輕地撫摸牠並說：「MOMO 啊，愛你喔。」為了讓牠記住我的存在，我一直不斷努力。就這樣過了一年左右，現在 MOMO 似乎比以前稍微敞開心扉了，但是在我面前仍不時做出不自然的動作、尷尬的姿勢。

共生演化，正是 MOMO 和我需要的，但現實是，對

MOMO 來說，我仍然是令牠不自在的同居者、同伴和貓奴。妻子在 MOMO 心中的地位很大，相對地我的存在就非常小，但是我和 MOMO 之間，並不是把妻子放在中間的競爭者關係，只是有些異質性和陌生的感覺，對存在本身還未確定彼此的位置。為了共生演化，應該多理解彼此的存在，更依賴彼此。

今天妻子一如往常與 MOMO 一同躺在便床上睡午覺。更準確地說，是妻子在睡午覺，而 MOMO 則非常專心地在踩奶踏踏。MOMO 和妻子就像一個組合，是互相非常需要彼此的關係。每當看到 MOMO 的照片時，妻子露出笑容的嘴角幾乎要裂到耳朵了。不管妻子去哪裡，MOMO 都會如影隨行，妻子刷牙的時候、吃飯的時候、睡覺的時候、上廁所的時候，MOMO 都會在妻子周圍徘徊，等待又等待。妻子不久前這麼說過：

「我沒有做什麼，反而是 MOMO 送給我太多禮物了。」

不只是妻子，MOMO 對我們夫婦來說是最大的禮物，透過相互依賴、共生、相生，確認我們是家人、是共同體。今晚，為了克服我和 MOMO 之間仍尷尬的關係，以達到共生演化，我想我該向妻子提出一個完整的計畫。

「現在，這裡，我身邊」存在的美麗
·
存在

　　尚·保羅·沙特（Jean Paul Sartre）被問到什麼是存在時，曾簡單定義：「存在非本質」。也就是當本質的功能、作用、職分結束時，那沒有用處，也就是剩餘現實的生活、生命本身就是存在。由此看來，存在也可以說是生命獨一無二的概念。在這堂課中，將介紹存在的特徵，即墜落、無常、獨一無二、以及有限性。

2017 年夏天發生的「那個事件」，對我猶如墜落一般的衝擊。那天早上打開研究室的門，並未看到大心，這才知道當時寄住在研究室的學生，前一天深夜收快遞時沒注意，結果大心就從打開的門縫跑出去了。突然間，存在主義中所說的底層感情一湧而上，因為年長的家貓在外頭生存的可能性微乎其微，如果我們找不到大心，那麼大心就等於沒有未來可言。

　　妻子和我在研究室周圍，文來洞打鐵街四處尋找，我們迅速製作了有大心照片的傳單，貼在電線杆上，到處打聽，但始終沒有消息。那天，我們在街上像瘋子一樣呼喊著大心的名字，在盛夏的烈日下，身心都焦躁不已。有幾個人照傳單上的電話打來，說看到長得像大心的貓，但我們趕去現場確認都不是大心，只是酷似大心的流浪貓。當時我突然有個想法：

　　「就把這隻貓當作大心吧，如果用心照顧，牠應該就會成為大心吧。」

　　但那是虛幻的想法，因為大心是世界上獨一無二的存在。

彷彿一場諜報戰，研究室附近平時熟稔的藝術家們2、3人一組，進行地毯式搜索，同時研究室的學員也分頭尋找，幾乎翻遍了附近街道。只要有機會，什麼辦法都好。一位藝術家朋友給了我貓咪偵探的聯繫方式，我向貓咪偵探求援，他告訴我在日出或日落時，以研究室為中心在附近尋找，輕輕呼喚大心的名字，慢慢地走。他說貓是有領土概念的動物，所以不會離開太遠，很有可能還在附近。按照貓咪偵探的建議，傍晚時分我們在研究室周邊，低聲喊著大心的名字緩步移動，或許是緊張，我連自己的呼吸聲都聽不到。

　　「你在做什麼？」

　　或許是我的行為看起來很奇怪，一位附近的居民問道。

　　「我的貓不見了。」

　　我回答完，隨即用充滿哀切的聲音呼喚大心。那個居民又說道，

　　「那邊好像有貓叫聲。」

　　他手指的地方，是研究室對面的圍牆，正停靠著一部手推車。我走過去側耳傾聽，果然聽到貓咪的聲音。

　　「大心？大心！」

　　手推車內傳來急切的「喵嗚～」聲，是大心沒錯！不知不覺間，附近居民蜂擁而至，七手八腳協助移開手推車四周的垃圾和木頭，我可以感受到他們想減輕我們夫婦痛

苦的心情。接著在裡頭的大心，一身邋遢的模樣出現在我眼前。

經過那次事件，我們再次確認大心是世界上獨一無二的存在，尤其更明白了我們有多麼愛和關懷大心。此後，我們在研究室門上設置了安全開關以防止貓再跑出去，也可能是吃過一次苦頭了，所以大心再也沒有嘗試過外出。

直到現在，那天的一切仍歷歷在目，那彷彿是在這世上最痛苦的瞬間。炎熱的夏天，我和妻子從早上就未曾進食，全身汗流浹背跟醃泡菜沒兩樣。好不容易被救出的大心，在手推車裡躲了 18 個小時，可能是驚魂未定，救出來後縮在角落顫抖了好一陣子，然後才狼吞虎嚥地吃飯。

生命是獨一無二的。這種獨一無二被稱為單獨性、特異性、個別性、單義性或存在。如果我認為貓的本質都一樣，而將酷似大心的流浪貓帶回來，那也只是枉然，因為大心的生命和存在是任何其他存在都無法取代的。大心活著的時間就是生命的時間，是生活的時間，是存在的時間，因此，找回大心的瞬間就像找回一個生命，是復活的瞬間。

資本時間，貓的時間

所謂資本時間，就是以金錢換算的時間，例如 1 個小時價值一萬韓元、三千韓元。資本時間是以「○○是○○」的方式將事物量化，沒有比這更單調的時間了。生

命的時間則有著明顯的差異，生命的時間裡刻著凹凸、曲折、紋理，總是充滿了事件。我與四隻貓的生活是事件的延續，掉落、破碎、發脾氣、哭鬧、玩耍、胡鬧等事件接連發生。

在名為生命的時間裡我們會笑、哭、吵鬧、快樂、絕望；但在資本時間裡以消費或利益檢視利害關係，是單調、線性的時間。資本時間沒有趣味，沒有真正的活力和樂趣，也沒有戰勝悲傷和絕望的偉大生命，只有以錢為媒介的緊湊時間的平面。資本時間像守財奴一樣，總是感到匱乏，永遠都不夠；而生命的時間豐富、多樣，充滿了和協旋律。生命的時間是輕鬆哼歌的時間，是興奮時肩膀一聳一聳的時間，是貓咪和我一起配合彼此律動跳舞的時間。

現在這裡就有一隻貓引導我們脫離資本時間，由這隻叫「大心」的貓刻畫出生命的獨一無二是一種幸運。與大心在一起的時間讓人感受到每瞬間都是人生中唯一「存在的時間」、「生活的時間」、「生命的時間」。

根據德國哲學家海德格（Heidegger）的說法，存在，即獨一無二性可分為兩個領域，一個是指這個存在是世上唯一的「存在的獨一無二性」，另一個是指這一瞬間是人生唯一一次的時間，也就是「事件的獨一無二性」。

自從海德格寫了《存在與時間》一書以來，存在概念便在哲學家們腦海中留下強烈的印象，人們紛紛提出「是存在優先嗎？還是時間優先呢？」的哲學問題。海德格將

之區分為以順其自然地過日常生活的「常人」（德語：Das Man）和考量自己的侷限性和結局而生活的「此在」（德語：Dasein）⁶。「此在」的概念存在主義哲學的起始點，從「此在」的時間出發的存在時間，同時也是生命的時間，在現實中就是現在躺在身旁呼呼大睡的貓咪的時間。在「此在」的時間裡，無法將勞動力換算成時間，因為在那個時間裡充滿的只有各種快樂和活力、生命能量。

要想讓平面、卑陋的時間變得多姿多彩，必須重新創造存在的時間、生命的時間。像大心，光是隨著音樂一邊輕輕地擺動尾巴，或跟著玩具充滿活力地跑來跑去，就能讓時間變得豐富多樣。生命的時間與平和的時間、活力的時間、感動的時間相連繫，和貓一起玩、一起睡覺、一起吃飯的時間是充滿活力的時間，是任何時間都無法改變的生命互相協調的時間。

在生命互相協調的時間裡，離生命越近就會越熱情，離得越遠就越想念，所以會持續生成愛、真誠、關懷。在大心與我一起度過的時間中，最和諧的瞬間當然是一起躺在便床上，我摸著大心呼嚕呼嚕的肚子睡覺的時間，在那個時刻，我對生命平和的世界可以發揮最多的想像。沒有其他存在可以像貓一樣，只要在我們身邊，就能解決在外

---

⑥ Dasein 一詞無法翻譯成中文的術語，它由兩部分組成：da 和 sein。為表達 da 與 sein 本身的關係，有時也譯作「親在」、「緣在」等等，「此在」是現在比較通用的譯名。

剎那的意義

· 資本時間 ＝ 消費和享受、炫耀的瞬間 → 快樂的瞬間
· 生命的時間 ＝ 生命的初始也是最後的瞬間

→ $\left(\begin{array}{c}珍貴、\\有意義的\end{array}\right)$ 瞬間

部世界經歷的痛苦和創傷。

　　有些人可能會誤以為生命的時間、存在的時間所具有的剎那性，就如同資本時間裡用過即丟的一次性用品，所謂YOLO（You only live once的縮寫）族，就是著重在消費、享受、炫耀的剎那性。「是啊，人生是什麼？不過就只有一次而已。今晚好好享受！」這類反應形成了YOLO族的脈絡，因此反而會為像飛蛾般享受過後稍縱即逝的生活而歡呼。

　　但是剎那，在人生中第一次也是最後一次的這一瞬間，其實應該具有更珍貴、更需要珍惜和關懷的生命意義。為了更深入時間的深度和潛在性，我們不應消耗和浪費剎那的意義，應該關懷此刻、此地，在我周圍的事物。我總是覺得大心的時間總有一天會走到盡頭，某天早上，從大心無法從睡窩裡起身的呻吟中，因牙疼無法進食的哭泣聲中，因走不穩撞到的痛楚中，我發現了生命的有限性，更深刻感受到大心的存在有多珍貴，讓我更珍惜地撫摸牠，為牠上藥，抱著牠睡覺。

大心給我的禮物

大心走失事件顯現出我的墜落性，所謂墜落性，是指跌落谷底，落入人生最卑微的地方。在我極度痛苦之際，領悟到一個生命帶給我的存在的意義，那次事件帶給我很大的教訓，失去貓會讓人的心情跌落到多深的谷底，簡直無法用言語形容，只能在深淵底部吶喊，但如果克服了這種情況，就能再次感受到貓咪存在的重要性。墜落到底層迸發出的情感，為人們帶來走向真實意義的契機，不過也有例外的狀況。

無常就是例外。當我們親近的人死亡或生病時，生活的意義會突然變得虛無，讓人感到一切都是無常。熾熱地活著，突然間繃緊的繩子斷了，靜止的時間在我們身上展開，這種時候會覺得存在就像曇花一現。面對無常，人只能苦笑，這種無常可能會持續好幾次，也可能偶爾出現一次。我們的生活和生命都是相連的，互相依賴，並非是確切、固定的個體，因為即使感覺到消失、空、虛、無也不奇怪。

一位朋友在路邊救回了四隻小貓，他悉心照料，但還是因嚴重的傳染病而全都去了彩虹橋，讓他感受到生命的無常，他每回談起那四隻小貓時，總不禁紅了眼眶。存在意味智慧地克服無常的同時，也感受到沉溺於過度的意義、地位、名譽等都是虛無，生命是有盡頭的，名譽、名字、地位、財富都是空，而人會沉迷、熱衷、執著於那些

事物，可能是因為還沒有領悟到存在的真正意義。

　　大心是我人生中第一隻貓，雖然因為長期餵食街上的流浪貓而與貓咪們很親近，但是嚴格說起來大心是第一隻與我共同生活的貓。只要打開研究室的門，大心就會起身迎接我，開始一起玩樂、一起跳舞、一起聽音樂的日常。我和大心都是有限的存在，我與大心的生活終有一天會結束，但就是因為我們一起度過有限的生活並交流，所以更懂得珍惜彼此。

　　即便我並未給大心帶來太大的經濟利益或好吃的東西，但牠總是站在我這邊，給予信任和信賴，讓我覺得很神奇。我曾這樣對妻子說：

　　「我也沒有做什麼，為什麼大心對我這麼好？」

　　妻子聽了之後笑著說：

　　「就是說啊。你對大心做了什麼嗎？有那麼好嗎？」

　　大心的存在本身對我來說就是一份重要的禮物，而大心在日常中不管是專注於古典音樂、與窗外的喜鵲互通信息，這些舉動都時時帶給我喜悅。完完全全地接受這個如禮物般的生命和存在，是我人生最大的課題。

　　記得先前在研究室的院子裡設置餵食區後，曾經幫當時還是流浪貓的大心拍了照片。當時我把照片拿給從事動保活動的朋友看，隨口說這隻流浪貓總是會跟著我，朋友說：「看來你被牠選中了，不如把牠收編怎麼樣？」我聽

了有點不知所措地說：「我只是餵牠吃飯，收編進來要怎麼在家中一起生活呢？」我想是我當時心裡還未準備好。後來，大心在研究室外又流浪了一年，等待我們的款待。

有一天，我以零食為誘餌，把大心引進研究室。那天，大心在妻子的書桌底下睡著了，妻子說大心壓在腳背上，可以感受到牠暖暖的體溫，還有心臟撲通撲通跳動，那感覺很好。後來大心就不時進來研究室裡逗留，夏季的某一天，我們發現大心習慣窩著的地方沾了紅色血跡，動物醫院的醫生說這是流浪貓常見的膀胱炎。從那天起，我們就決定將患有膀胱炎和皮膚病的大心正式收編成為研究室的一分子。

我人生中做得最好的一件事，就是在那時把大心收編成為家人，沒有比完全接受並負責一個生命更值得驕傲的事了。在寫這篇文章的過程中，坐在書桌前的大心對我的工作表現出極大的關心，配合著敲打鍵盤的聲音搖晃著尾巴。大心的存在讓我了解對偉大的生命承諾、對生活的承諾、對生命平和的承諾。這個生命中有溫暖、溫柔、十足的和藹，所以感覺很好。牠是獨一無二的存在，我偉大的存在。

因為照顧你而讓我成長的奇蹟

·

盡職治理

在經營學中有個專有名詞叫做「盡職治理」（stewardship）守則，意指股東不只有買賣股票而已，而是會關注企業經營、引導企業的成長。在這堂課中，我將盡職治理引用為養育生命的貓管家思想，認為讓生命順其自然也會自動成長的時代已經結束了，現在應該發揮盡職治理能力，更積極地關懷和實踐，有智慧地對應生命危機時代的來臨。

「為什麼沒有做好自己負責的事呢？你到底有沒有替貓咪著想？」

聽著妻子的責備，我默默地拿起鏟子，打開了貓砂盆的蓋子。那天我一時忘了自己鏟屎官的本分，忘了清理「馬東山」[7]和「馬鈴薯」，結果被妻子逮個正著。在這裡「馬東山」是指貓咪的便便，「馬鈴薯」是指被貓砂吸收後凝固的尿塊。平時我都做得很好，但誰知偏偏那麼湊巧，就只有那麼一次忘了清理，結果剛好妻子心血來潮檢查而發現。雖然想辯解，但事實上根本沒有辯解的餘地。從事 8 年鏟屎工作的我，如今在妻子的責罵和監督中度過盡職治理的修煉課程。

盡職治理是擁有養育者、管理者的思想，意指股東除了購買股票，還應以某些方式介入及參與企業經營，要說是身為貓管家的思想，可能會被斷然否定。

人說凡事要事必躬親，不過很多時候在一旁協助、支持會比較適當。妻子對我來說是另一個管家，身為貓管家

---

⑦맛동산，是韓國一種零食餅乾的名稱，因形狀類似貓的糞便而戲稱。

要做的事情很多，早上一進研究室，我就必須確認貓主子們前一晚的尿便狀況，要一邊清理貓砂一邊觀察，這是判斷是否患有膀胱炎或便秘的重要工作；妻子則會用注射器裝水為平常較少喝水的貓灌食，若我回報貓咪們似乎有便秘狀況，那麼妻子放飯時就會將親自製作的蔬菜粉撒在飼料中。

貓管家要做的事情不止於此，還要適當地安排水碗，每天供應新鮮的飲用水，預防貓咪們可能罹患腎臟病。我會清洗並擦拭水碗，以避免留下水垢，接著再從淨水器接水。這個工作一天兩次，需按時完成，偶爾被發現有水垢，就會聽到人類管家妻子的訓斥。

還有放飯時，要按照比例均勻混合功能性配方飼料和普通飼料，要讓貓咪能大快朵頤。特別是飼料配送的時間不定，所以在飼料庫存快耗盡時要立即向妻子報告。有一次因為沒有注意到飼料已經沒了，緊急訂購也來不及送達，貓主子們有半天沒飯吃，我急忙去附近養貓的鄰居家請求支援，被妻子大罵了一頓，用沒有鹽分的鮫魚片和零食先給貓主子們解饞，意志消沉不敢作聲地度過那一天。身為貓管家，那天在我的人生中留下了污點。

幫貓咪剪指甲這類高難度的細緻工作由妻子負責，每每看到妻子的手上滿是傷痕，就覺得那是我永遠無法挑戰及承擔的領域。去動物醫院定期檢查時，提著外出籠是我的工作。在醫院聽到其他狗和貓的叫聲，貓主子們可能會

不安，所以我還要在一旁播放平日在研究室經常放的歌曲安定牠們的情緒。給貓咪們聽的歌曲會根據情況調整，但主要都是音調單純、副歌無限反覆的歌曲為主，最近大心定期檢查順便拔牙，我就播放傳統童謠《蟾蜍啊，蟾蜍》安撫因恐懼而哭泣的大心，算是大功一件。和貓一起玩也是貓管家的任務，遊戲時我會用活潑的聲音吸引貓咪，並努力讓遊戲有趣、有變化。貓咪彼此之間在玩的時候，還要從旁協助安排順序，實現社會正義和公平也是非常重要的。

偶爾發生爭執時，進行仲裁算是我的特別任務之一，要仔細觀察貓咪之間的配置，拿捏牠們彼此間的距離，為了不讓暴力和競爭充滿貓的世界，還要盡到「和平使者」的作用。不過對於 MOMO 偶爾會追逐大心一事則屬例外觀察事項，因為上了年紀的大心需要運動，而且適度的緊張感對牠的健康也有幫助，但只要發現大心覺得有壓力，就會趕緊介入把牠們分開。有時 MOMO 太過分了，大心也會發出嘶吼聲趕走 MOMO，這時 MOMO 就會感到害怕而不再騷擾大心。

貓管家的一天很短，但人生是一段很長的旅程，為了應對每一個瞬間，需要迅速發揮自己的技巧、智慧和內隱知識，由此看來，這也可說是所謂的「一期一會」吧。雖然我已從事了 8 年的貓管家，但我仍然像是新手，雖然工作內容都是定好的，看起來似乎已經很熟練了，但在每個

瞬間都會發生新的狀況，在隨機應變的能力上，我還稱不上專業。

盡職治理與照顧的美學

「什麼盡職治理！成為貓奴對世界有什麼幫助？」

上課時間突然有人丟出這個問題，讓我一時有點不知所措。我以平時身為貓奴的經驗為基礎，對作為生命和自然的養育者、協助者、侍奉者的盡職治理能力進行解說，將內心盡職治理的哲學意義以更加華麗的辭藻回答問題。

「成為養育者是貓奴的本分，能讓世界更豐富多彩，讓自然和生命綻放得更美麗。」

我的貓奴哲學雖以華麗的口才包裝，但實際上在與貓的日常生活中發生的都是多災多難的艱鉅課題。即使讓生命順其自然，在「生長」的自然主義思想和「培育」的文明思想之間，養育者還是存在的，因為生命是「一邊生長一邊培育」的，為了讓生命發芽、開花，需要周邊的督促、養育、刺激，這些可以説是養育者的任務。

但是這個邏輯也可能有矛盾之處，也許有人覺得比起給予解放感和刺激，被支配的鬱悶感可能會更強烈。照顧、珍惜、關懷、擦拭、整理、修理事物、生命、自然、機器等的行為，在像現在這樣富饒的時代，可能會讓人覺得是陳舊的老古董思想。

　　儘管如此，之所以談論照顧的美學，是因為照顧這件事並不是犧牲，反而可以讓自己變得更成熟。照顧這個行為，可以說是讓身為照顧者的自己變得更細緻的過程。擁有照顧者的視角，會更仔細觀察被照顧的貓咪們，對牠們的反應也會更敏感，注意配置和察覺疏漏，經常思考怎麼做會更好。例如比起單純塗抹牙膏的方式，或許趁貓咪睡覺時加強揉搓牙齒會比較好。為了更好的照顧，會不斷湧現新的想法和創意，經由這樣的過程，找出最適合貓的照顧方式。

　　我從未想過在照顧貓咪的過程自己是犧牲或奉獻，因為貓咪在我的人生中就是最大的禮物。在我的生活空間中，一個小生命安穩地入睡、在我清理的砂盆中排泄、和我一起認真玩遊戲、有時會來蹭蹭我，這些都帶給我喜悅，讓我產生「為了你們，做什麼都可以」的情感，這一切並非只是因為牠們很可愛、很有趣，而是一個生命能在我的照顧和養育之下健康地成長，吃飽、睡好、開心地玩，這些就很有意義了。

　　老么又春曾經有一段時間排出的糞便非常小，我在清理貓砂盆時發現，立刻告訴妻子。之後妻子每天會輕輕撫摸又春的肚子，一邊唱著童謠，同時增加灌食的水量、增加運動量、調整飲食等一連串生活的配置。幸好不久之後，又春又像以前一樣生產出了非常豐富的「馬東山」。這些事讓我了解，對於如何養育、照顧、達到養生，身為

貓奴應該時時保持開放的態度，我認為貓奴的最終目標就是拯救生命。

是技藝（techne）？還是創造（poiesis）？

美國詩人兼農夫哲學家溫德爾・貝里（Wendell Berry）在著作《美國的不安》（The Unsettling of America: Culture and Agriculture）中指出，小農作為養育者所創造的文明在文明史上是如何被科學技術文明專家攻擊和排斥。他談到技術的兩個面向，一個是技藝（techne），技藝可以看作是現有的科學技術文明，是透過榨取、掠奪、開採、提取生命和自然而獲得利益的文明。根據技藝，生命暴露赤裸的身體顫抖著，在達到自己本質的科學技術面前被探索。

另一個是創造（poiesis），也就是製作的技術。製作是透過養育、刺激、服務、照顧生命和自然的過程，以維持自己生活的方式。通過創造，生命和自然會更燦爛、豐富地增殖並結出果實，人類也可以接近那些豐饒的果實。從事有機農業的農民們謀求生命的循環、自然的循環，養育過程中的生活很明顯就是創造。

養貓不是技藝而是創造，貓奴不是為了想從貓身上得到利益，反而是透過照顧貓咪而得到被治癒的感覺，換句話說是收到了大禮物，感受到生活的豐富。不過那只是附加價值，在照顧貓咪的過程中，感受到自己與貓之間生活

技藝 techne vs. 創作 poiesis

科學 ⟷ 自然
技術 ⟷ 生命
追求利益 ⟷ 豐富的循環

的世界變得更細膩精巧，這才是創造最重要的收穫。

　　貓所到之處都閃耀著小生命所具有的活力痕跡，貓在睡覺的地方銘刻著生命古老的夢想，和貓一起玩讓我像孩子一樣興奮。「照顧是為他人而做的事」這句話是虛構的，照顧又春讓身為照顧者的我變得更美好，我從貓身上得到無法用言語形容的各種禮物，自己變得更細膩、更敏銳。雖然照顧有迴歸原點的屬性，但若說有什麼成就的話，那就是自己正成為成熟敏銳的貓奴這一事實。與貓咪互為伴侶的意義就是代表身為貓奴的自己的重生。

　　在我 8 年貓奴歷史的第一章中，大心占據了極大的位置，我做每件事都會慎重地思考怎樣才能為高齡貓大心帶來更好的生活。飼料、貓砂、玩具、零食是基本，為了給大心提供更好的環境、好的音樂、好的水、好的溫度、好的社會而不斷努力。

　　而且對大心好的環境，也是對我好的環境，所以在照顧大心的同時，我也照顧到了自己。所以這一切不能視為我單方面的犧牲和奉獻，是我與大心一起創造的生活紋理

和故事，這讓我比任何人都愉悅和快樂。

　　透過大心，我確認了幸福就在身邊。走向取得成功和勝利的自己，總會擔心那種幸福會消失而焦慮不安，但是「此刻、此地、在近身之處」的幸福，是一直信任我、跟隨我，由我照顧的貓帶給我的幸福，讓我的人生變得更完善。由此看來，可以說擁有貓奴思想是透過照顧的美學重新設計生活的過程。

作為養育者的小農思想

　　有一次大心走近我，發出唧唧哼哼的聲音，像是想要說些什麼卻說不明白，讓人感到心痛，我仔細一看，才發現牠頭上一塊一塊的脫毛，像禿了似的。不知道怎麼一回事，擔心之餘我在研究室安裝了家用監視器，我們夫婦下班後回家便觀察貓咪世界到底發生了什麼事。從監視器內容來看，大心被 MOMO 和又春兄妹追趕，不知是不是沒有可以躲避的地方，看大心驚慌失措，彷彿受到巨大的壓力。隔天我們到研究室為大心準備了幾個藏身之處，在其他貓咪搆不到的椅子及高處布置了幾個窩，那天之後，大心便在新設置的藏身之處入睡，不再對人唧唧哼哼地訴苦了。

　　小農對生命、事物、自然、機器不會隨便斷定，而是提出「這樣做會出現什麼結果？」、「那樣做會怎麼樣呢？」再三思考，不斷將生命和自然的配置再配置、養育、

照顧、修改、更正。我們要從小農那裡學習不輕易斷定生命和自然的態度，這就是盡職治理的核心。如果忘記貓奴的任務，認為「貓就只是貓而已」，那麼就無法仔細地照顧貓。貓是一個巨大的問題設定，對於這個問題的意義，沒有人能肯定地說「○○是○○」，唯有傾聽那些未知的問題，繼續不斷養育和照顧。

當大心用淺橄欖綠的眼睛仔細觀察周圍時，我會關注這個小生命向周圍拋出的巨大好奇心。這就像有很多種答案的問題，或者這個問題可能沒有答案，或許很多答案，也或許所有都是答案。所以我認為盡職治理最終就是不斷提出問題、不斷改變自己的配置，以謀求生命力和活力的過程。

由此看來，執行盡職治理的貓奴應該提出的問題不是針對本質和理由的「為什麼」（Why），應該是對啟動和形式、方法論的「如何做」（How）。對生命輕言斷定的想法，是誤認自己對生命無所不知的錯覺。望著遠方，與喜鵲通信息的大心具有什麼本質，這誰也不知道。我想我的盡職治理，就是為了探索大心的神奇。當了8年的貓奴，我要走的路還很長，但是我真的很喜歡這個身分，看來是我的天職。

若將手伸向與我無關的生活
·
款待

　　款待是指以包容和開放的態度迎接陌生和異質性。款待的開啟，不是因為非常陌生而走向無關或輕易斷定陌生而直視的觀點，而是透過異質性的陌生，發現比自己內在的他者更他者的面貌，而變得更加豐富多樣。在這堂課中，將展現經由暴露自己最大弱點，建立不同關係的款待概念。

每天早上打開研究室大門，都會有一個驚喜在等著我。達公像是不知從什麼時候開始就在門邊等待著我們，一見面就表演路倒。達公很害羞，但也很重感情，牠的路倒，對我們夫婦來說就像開啟一天的信號一樣，只要我一摸牠的肚子就會發出呼嚕嚕的聲音，彷彿盡情享受著幸福。對於貓來說，路倒是一種行為藝術，也是一種表演，是「歡迎你」的信號。

　　收養達公 7 年來，我們夫婦總是被牠的路倒所感動，可以說我們是被「路倒」這個華麗的行為藝術矇蔽雙眼的貓奴。我們並沒有特別為牠做什麼，但達公總是用自己的身體熱情款待我們，真的讓人感覺很好。但這並不代表牠對每個出入研究室的人都一樣，貓也有自己的喜好，所以達公不會向所有人展示路倒的模樣。

　　特別是達公對陌生人的警戒心很強，如果研究室舉行研討會，達公就絕對不會出現，因此達公可愛又能融化人的路倒絕技，是只有極少數人才知道的致命魅力。

　　每天早上達公的一記路倒，既是四隻貓前一晚睡得很好的問候，也是小傢伙們正在等待我們的表現，雖然每天

看到了嗎？
我圓滾滾
的肚子？

上演但每次看到心情都很好。除了早晨一倒，在其他時間只要達公心情好，就會透過路倒表達自己的情緒。一想到受到貓咪如此款待，感動便如海嘯般湧來。

　　從小就和我們一起生活的達公，似乎把我們夫婦當作是爸爸媽媽。差不多在牠 4、5 歲時，身體不好的 MOMO 加入，讓原本倍受寵愛的達公感覺媽媽的愛被 MOMO 搶走，曾經一度嚴重憂鬱，連拿手的路倒也不做，一直安靜地睡覺，也胖了很多，那種狀況持續了一陣子才慢慢改善。現在每天早晨打開研究室大門，看到急忙跑出來在我們面前路倒的達公，就知道牠前一晚一切安好。達公透過自己的路倒絕技表達重新找回關注的執念，所以我們也很認真地接受，會一邊撫摸著牠的肚子一邊說：「達公好棒，你好棒。」回應達公的真心。

款待的悖論，暴露弱點，讓人敞開心扉

款待是對陌生和異質性的事物持開放態度，要注意的是，偏離款待的態度太遠，就無法建立關係，但如果靠得太近，就會落入輕易判斷的陷阱，所以現在知道貓所表現出的款待悖論嗎？貓咪路倒翻肚，實際上是暴露出自己最大的弱點，來表現「我信任你」的意思。暴露自己的弱點並不是一件容易的事情，因為那等於把自己的生命交給別人，但那同時也會成為打開對方心扉的契機。當領悟到達公的路倒是多麼有勇氣的行動時，我們深受感動，從毫無顧忌地展現自己弱點的達公身上，我明白要達到真正的款待是多麼不容易。

由此看來，我認為款待的意義應該重新構成，不只是對陌生事物敞開心扉，而且也要對自己敞開心扉，展現我的弱點，這才是款待的真正意義。但是，對初次見面的人來說，暴露自己的弱點並非易事，當陌生、未知的人靠近，我們很容易猶豫、退縮，有些人甚至會嫌惡或排斥。

2018 年，濟州島迎來了 500 多名葉門共和國的難民，當時的韓國社會出現了厭惡和排斥的氛圍，圍繞難民的各種假新聞橫行，對難民的嫌惡代表韓國社會對少數及弱勢族群的排斥。厭惡和排斥的態度不僅是對外部人士，也會針對脫離正規軌道的內部成員，如果今日排斥和厭惡陌生的異鄉人，那麼明天便會以同樣的態度對待我們社會中的殘障人士、青少年、老人、還有動物，而最終，我們會以

厭惡和排斥的眼光看待自己，因為我們自己有時比他者更像他者。想像一下當你透過錄音機聽到自己的聲音時，會感到陌生和怪異，但那才是我真正的聲音，我們有時也會對自己感到陌生。

去國外旅行最能感受到身為異鄉人的感覺，僅僅脫離了國境，只不過經過短短幾個小時而已，就會接收到當地人將我們視為東方人或黃種人的目光。我們的內在其實有很大的空間成為異鄉人。

當 1200 萬難民從敘利亞逃出時，加拿大接納了許多難民，總統親自迎接，發放給每一位難民醫療保險證和社會福利證以示歡迎。款待不僅僅是對陌生的異鄉人採取的行動，透過接受陌生的存在，可以重新發現和再創造自我，讓我們成為更充實多樣性的人。世界的多樣性不該來自對異質性與陌生存在的歧視，而是應該從尊重開始。

如今，我們達公已經漸漸可以在陌生人面前露出自己的最大弱點——肚子，以表達款待之意。我們的社會也能像達公一樣熱情款待他人嗎？有勇氣暴露自己的弱點，全心全意地款待嗎？我認為是有可能的，因為我們內在都有可以熱情款待陌生存在的愛的能力，我們是擁有溫暖懷抱的人，是具以友情與關愛之名款待的人，我們一定能做得像達公一樣好。

與對異鄉人的款待無關的地平

對異鄉人的款待與對少數人的友愛是一對的，如果說在這裡款待的對象是共同體外部的人，那麼友愛就是對共同體的內部成員。建立款待關係和建立友愛關係之間存在無數的關係，這之間的關係也可以說是社會關係網絡。

問題並非討論「是友愛？還是款待？」而是無關的地平，即無關的視域。「你是你，我是我」的理論，將衛生的、脫色的、中和的無關係的地形移植到我們社會。在城市裡與無數人交錯，聽到與我們無關係的人的消息，與無關係的人進行交易，與無關係的人隔著一堵牆生活，實際上這是很可怕的。雖然像在紐約這種大都市聽聞是很樂於有向陌生人打招呼的自由城市，但大部分的城市居民實際上生活在無關係的環境中。至少貓和我之間是有關聯的，但我和住在隔壁的人設立關係就很難了。

我們夫婦曾在居住的公寓餵食流浪貓，是因為前面提到過一隻名叫鍋巴的流浪貓而起的緣分，與鍋巴相遇過幾次之後，我們就在公寓一樓花壇設置了流浪貓固定餵食區。雖然不能說完全是為了鍋巴，但是也會露出肚皮款待我們的鍋巴確實是設置的原因之一。不只是鍋巴，還有其他流浪貓也會過來吃飯。然而到了春天，貓咪開始發情，餵食就得看鄰居眼色了，每當聽到貓咪叫春的聲音，總是會擔心「該不會是鍋巴吧？」、「餵食區會不會被抗議？」。

不久之後，麻雀和烏鴉也成群結隊湧向餵食區，開始占據甚至會攻擊貓咪，此後，貓咪們不來吃飯了，取而代之的鳥糞開始四處堆積，過了一段時間，我們只好默默撤掉餵食區。

奇怪的是，公寓的居民沒有一個人對此有反應，大家都安靜而沉默，感覺好像只有我們夫婦不住在裡面似的。無關係的地平是沉默、安靜，只有視線、迴避，不管是否覺得髒亂，都不會製造任何騷動和矛盾的孤立感，而這種無關係的地平，正是掌握社會憎惡的真正原因。對於關係本身具有的愛、慾望、關懷等的特質，人們認為是陳舊的老古董，只擔心會干涉到自己的私生活，因此保持距離不參與，只是遠遠地看著。

但我們是相連的，世界和自然、生命是相互依賴的，在這當中的一個小小的連結就是貓和我的關係，貓讓我領悟到建立關係的優點，從互相撫摸、珍惜、反饋中讓關係成熟，這在人生中是多麼重要的一件事啊。

在這個不建立關係也能活下去的世界裡，我們與任何東西建立關係就是開始進行款待的證據，款待就是在自己生活的世界內拉攏如異鄉人那樣被視若無睹的陌生存在。住在文來洞的法國人安東尼有段時間曾與我進行語言交換，每週一次到我的研究室，讓我練習我那不像樣的法語，他也和我一樣非常喜歡貓，因為我對法語一無所知，所以剛開始用不太熟練的英語和手勢進行溝通，但我並不

款待
‖
建立關係
‖
關懷他人
‖
交流與包容
‖
尊重生命

排斥這種交流，因為即使無法完整傳達正確的意思，但彼此仍可以表達想表達的內容，這一點非常重要。

貓對待異鄉人的方法

雅克·德里達（Jacques Derrida）在著作《關於款待》（De l'hospitalité）中表示，對沒有權利的異鄉人來說，款待就像形成新的社會契約一樣，具有跨越現有關係的超越性地位。我認為不只是異鄉人，我們本國人自己也需要新的社會契約，以現正面臨的氣候危機來說，氣候正義對我們的要求就是這個。現在對我們周圍的少數族群、弱勢團體、貧困階層的關懷，比任何時候都重要，在這裡我們可以重新思考由國家與國民簽訂新社會契約的綠色新政（Green New Deal）。

綠色新政具有以氣候正義、工作權、再生能源、正義轉換等新模式重新簽訂社會契約的意義。新的社會契約是

從款待的運作方式開始的，這讓建構一個不同的社會成為可能，當然也可以建立不同的關係。我們可以從款待中找到提示，目前為止，近代社會從責任、權利、義務、正當性、信任出發，發展出責任主體的權利主義。事實上，權利主義的出發點是財產權、所有權，而終點就是人權。

在立足於這種權利主義的近代社會中，沒有簽訂社會契約的人，也就是異鄉人，是無權利者，是一無所有的人、陌生人。由這個邏輯來看，國家主義、種族主義、民族主義採取的法西斯主義行為模式中，憎惡外國人的現象並非偶然。近代把主體概念視為透明、純粹的概念，但並沒有意識到現實中的主體概念仍充滿了「比他者更像他者的面貌」。舉例來說，在我們的身體裡也有各種他者進入，微生物、自然、生命、機器、礦物、宇宙等，都在體內沸騰。

我在自我觀察時常覺得自己「比他者更像他者」，例如看到好吃熱量高的東西，會不顧自己的意志，像動物一樣直接伸手拿來放進嘴裡咯吱咯吱地吃；有時會不顧「舞痴」的外號，聽到優美的旋律不知不覺就跳起舞來，那模樣連自己看了都覺得陌生。也許想要服侍、拯救、關懷動物、孩子、異鄉人等陌生、異質性存在的心情，就是對我內在的他者進行款待的另一種面貌。

當然，對於異質性的事物會不由自主地猶豫或驚訝，例如當我想靠近一隻腳受傷而呻吟的流浪貓時，牠會突然發狠哈氣然後逃跑，這時我才意識到不能只憑著善意，就

以為能輕易地把具有野性的流浪貓帶到醫院。將陌生具異質性的存在——也就是其他生命、異鄉人、少數族群，視為擁有權利的存在，以解決他們面臨的問題為脈絡來接近他們，可能會是一條比較可行的途徑，但並非如萬能鑰匙一般的答案，在這之前應該先進行款待。社會脈絡和配置不能在未走向款待的情況下，僅憑法律條文或規則的改變就盲目地賦予他們權利，因為未經款待而透過權利識別最後只會成為暴力，未經款待是不可能賦予真正的權利。由此看來，沒有像款待一樣在權利之外、超越權利，構成權利的東西。款待是建立不同關係的開始，是伸出手向他人表示歡迎和感謝的勇敢行動。

雖然達公的款待已是每天持續的日常，但是看到牠翻來滾去的樣子，我想應該沒有像牠如此懇切讓人不禁莞爾的迎接。這不是單純的款待，而是超越自己最大弱點的款待，所以更加真切和美麗。在炎熱的太陽升起之前，一早就有達公的路倒絕技，我的一天很有意義地展開。款待的貓咪達公開啟的每一天總是讓人感到新鮮。

觀察表現才能發掘的東西
·
表現形式

　　伽塔利稱表現形式為表現的自律性，核心是表現本身過渡到不同的表現，開啟另一種方式。伽塔利以金翅雀雄鳥搬運草葉給雌鳥為例，原本是雄鳥幫助雌鳥築巢的表現形式，後來成為求愛的意思。在這堂課中，想討論的是動物們的表現形式超越了「○○是○○」的固定模式，可能會以更豐富多樣的行為方式展現。

一歲的貓咪又春是我們研究室的老么，牠的日常生活充滿樂趣，幾乎整天都纏著妻子玩耍，只要看到妻子就流露出「快陪我玩」的眼神；每次經過飼料碗時，總不會忘記停下來吃幾口，和摯友 MOMO 組隊一同追逐「貓神」大心的模樣也充滿樂趣。

　　又春小時候因為感染疱疹病毒，導致眼壓升高，一隻眼睛脹得像拳頭一樣，最後不得已摘除，成為獨眼貓。失去一隻眼睛造成很大的制約，從結構學上來看，只用一隻眼睛看世界代表在日常中會帶著盲點（blind spot）生活。遊戲時把逗貓棒稍微往旁邊移動一點，在又春眼裡會以為消失了。所以又春成為四次元貓是有原因的，不只如此，因為無法正確估算距離和深淺，所以牠很難爬到高處，即使爬上去也常常無法下來，所以與其他貓相比，又春的運動量較不足，體型正逐漸趨向過胖的狀態。

　　但是這種不利條件反而成為又春的優點，牠以不同的角度看待世界，以不同的方式表現的能力比任何貓都強。又春與 MOMO 結為好友，時常互相理毛、磨蹭來表現友愛之情，不管 MOMO 做什麼，又春看到都會跑過來湊一

腳。又春玩耍時是不知疲憊的能量者，也是在遊戲中絕不讓步的好勝者，比起昂貴的玩具，對妻子用快遞箱的套繩做成的逗貓棒更有興趣，又春會用一隻腳踩住晃來晃去的逗貓棒，然後一口咬住，發出興奮的「喵嗚～」聲，就像在說「我抓到了！」一樣。

有一天妻子以超越動作電影的敏捷，迅速抱起 MOMO進入隔壁房間並鎖上門。因為稍早和又春玩時，看到MOMO 在一旁露出羨慕的眼色，讓妻子很在意，所以找機會想偷偷陪 MOMO 一起玩。但是被正在睡覺的又春察覺到了，牠起身到房門前悲傷地喵喵叫，並開始咔嚓咔嚓地抓房門，好像在抱怨：「我真的很傷心，為什麼排擠我？」沒多久妻子就把門打開了，因為 MOMO 聽到又春的聲音後停止玩耍。門一打開，又春威風凜凜地走進房間裡，先巡視了一遍，像在進行現場檢查似的，MOMO 似乎有點慌張地往後退了一步，接著又春嘴裡叼著逗貓棒走近妻子，明確地表達「陪我玩」的訊息，妻子只好開始揮動逗貓棒。

又春每件事都是這樣，當妻子和 MOMO 在睡午覺時，又春也會擠到妻子的腿上一起睡。又春開始把妻子當作媽媽是最近的事情，在那之前應該說是奴才與主子的關係，總是保持一定的距離，只在必要時告知自己的需求。又春的表現形式總是充滿自信，就像是老么的特權一樣，所以妻子常笑著說：「又春好像有點四次元喔。」但在我看來，又春已經超越四次元，進入無限次元了。

又春是 2018 年夏天，在我們研究室隔壁的屋頂上被救下來的貓，當時牠瘦削得幾乎搖搖欲墜，守護在死去的兄弟身邊，傷心地哭泣。妻子爬上屋頂試圖把牠帶下來時手指還被咬了一口，妻子只好先去醫院急診室打破傷風針，回來的路上生氣地說：「我不想管那個傢伙了。」但卻又不時不由自主地把目光轉向那邊。

有天我無意間望向窗外，赫然看到又春癱軟躺著，一動不動，我嚇了一跳立刻跑出去，將又春送去動物醫院。小傢伙的一隻眼睛腫得很厲害，因為沒有水喝而嚴重脫水。前一年夏天救助 MOMO 時吃了很多苦頭，這回很難下決心，但是救援 MOMO 時熟悉的心情又湧了上來，所以還是鼓起勇氣，決定救治又春。

又春接受摘除眼球的手術之後，先隔離生活了一個月，才來到我們的研究室與其他貓咪見面。剛開始貓咪們明顯排斥，但隨著時間流逝，牠們漸漸開始接受又春，特別是 MOMO，總是對又春又抱又舔，非常親密。其實 MOMO 和又春是相差一歲的同胞兄妹，我們夫婦給住在隔壁屋頂上的小貓們起名叫史賓諾沙、馬克思、賴希、德勒茲、伽塔利等哲學家的名字，偶爾會餵牠們吃飯，而 MOMO 和又春，同為其中一隻名為德勒茲的流浪貓所生，是兄妹關係。因為從小就分開，所以完全不知道彼此是手足，但奇怪的是 MOMO 卻很自然地把又春當成自己的孩子、妹妹一樣照顧，所以又春住進研究室後，我們其實沒

有特別注意牠。一段時間過後，與其他貓咪更親近的又春不知為何成了四次元貓，比起我們，牠更聽 MOMO 的話。

MOMO 和又春之間形成團隊行動，其他貓咪便進入受難期。達公在沙發上的專用位置被搶走，跑到我們身邊哭訴了好幾次；更嚴重的問題是大心，對於 12 歲的大心來說，這樣被團體壓迫的經驗很不好受。四次元貓咪又春雖然不知所以然，但今天還是一樣跟著 MOMO 一起追著老貓大心到處跑。

變化無常的表現自律性

從又春（包括動物們）的表現方式來看，牠並非直接表達「就是這樣」，而是迂迴表達「我希望這樣」。例如當牠想要人陪玩時，會扭動身體，或者用頭來蹭我的腿，用前爪拍打我，或者突然跑到我前面再愣愣地看著我，牠用很多種表現形式來揭示自己的需求。

不是一次元的意義化論證，而是透過四次元的表現論證傳達自己想說的內容。不過也有例外的時候，例如當牠用很多間接表現揭示「陪我玩」的需求，奴才們卻完全不回應時，又春就會喵喵叫地跑走，再回來時嘴裡已經叼著玩具了，這舉動常逗得我們夫婦大笑。

伽塔利在《分子式革命》中指出「意義是權力」，換句話說，擔任主持角色，或想歸納整理結論的人，要

能指 ←──→ 所指
使之意義化 ←──→ 成為意義化
定義 ←──→ 根據

「意義是權力」

小心下定義。意義化的論證由「使之意義化」的能指（signifiant）和「成為意義化」的所指（signifié）組成，以定義（definition）和根據（ground）來區分即為意義化的論證。專家們以判斷、定義、規定「〇〇是〇〇」，自認為有答案，如果實現意義化，就會變得得意洋洋，好像擁有可以定義某種事物的權力，掌握解決問題的鑰匙。如果只要用一句話就能解決問題該有多好？但這種情況少之又少。

現實中存在著多種相互關係和因果關係，現實是複雜的，一個因果關係並不能解決所有問題，因為在原因和結果周邊附著了許多干涉因素；現實是多種問題設定相融合、多種原因和結果交錯的空間，因此複雜的現實是在一個問題的設定中，並不只有一個答案，可能有各種答案，或根本沒有答案，也可能全部都是答案。這與經由定義「〇〇是〇〇」，而認為自己可以解決問題的專家那種傲慢和自滿的情況截然不同，即使某種定義是正確的，但也只不過是多種可能性中比較具備有效性的一個而已。

表現論證與此不同。又春為了自己的一個需求而扭動身體、用前爪拍打、喵嗚喵嗚的叫等做出各種行動，都能傳達牠想傳達的內容，也就是說，可以做出多樣化的表達，代表答案並非只有一個。因此如果對又春說：「所以你到底想說什麼？」這種回應並不恰當，應該說：「嗯，我好像了解你想表達的意思。」根據對方表現形式的流動順勢予以回應比較合適。

又春的表現並不只是集中在遊戲上，飼料沒了或廚房水壺的水在沸騰、因為想睡而煩躁、或是 MOMO 不陪牠玩等，牠的表現形式會有微妙變化。要想從微妙的表現形式，也就是牠的表現風格（style）變化中了解牠要表達的意義，就需要貓奴的努力。但不同風格之間的過渡是很微細精巧的，例如前面提到會因為睏了而煩躁，但煩躁又會成為導致無法入睡的主因，煩躁這個風格本身就像活的、會動的一樣，會過渡成為爭執、爭吵、競爭等狀況。像這樣多樣化的表現形式不一定就是解決問題，很多時候是產生或履行另一種表現形式，走向完全不同的解決方法。

伽塔利在《機器無意識》中指出，雄性金翅雀協助雌鳥築巢的行為是具有自律性的行為，在求愛時也會有同樣的行為，以此來說明「風格的自律性」。表現形式，也就是風格，是在生活、行動中具備了不同內容性的過程，這是我在觀察貓咪時領悟到的。就像又春追逐大心的行為，牠對行為本身感到興奮，而把它變成遊戲。

超越意義化的表現形式

要理解生命，不應從能指和所指，而是應該從表現和內容的構圖來看。當一個孩子說：「紅紅的、辣辣的東西。」大部分人都能理解，如果問：「那是什麼東西？」就算孩子口齒不清地說：「ㄋㄚˋ ㄔㄠˇ ㄋㄥˊ ㄍㄠ」人們還是可以理解孩子說的是「辣炒年糕」。像類似這樣的傳達，在孩子和其他小生命身上經常發生。能夠綜合前後脈絡和表現形式的風格來理解孩子傳達的意思，這種父母可以說已經達到通靈的境界了。由此看來，觀察表現形式，也就是觀察風格，就像觀察配置和關係網絡一樣重要。

又春向我們傳遞無言的信息，不斷嘗試溝通，牠不會直接了當地說：「我要○○」而是會用勸誘的方式表達「這樣做怎麼樣呢？」，非常柔和，也就是說在牠的表現形式中蘊含著和藹的態度。又春一邊搖著尾巴，一邊用 A 來表現想要的東西，如果看到我們無動於衷，就改用 B 來表現，若還是得不到想要的回應，那就用 C 試試看，持續改變表現形式，絕不會輕易滿足或放棄。牠只是不斷進行表現的過程，但並非「不行也要讓它行」，而是「直到實現為止，我會一直去做」的態度。

生命不會根據目標意識行動，為了達到某種目的而動用手段和工具的情況並不多見。如果認為又春生活的目標是玩，那就大錯特錯了，對又春來說，遊戲只是讓生活變

得有趣的調味料和活力元素，只是能讓牠感到興奮而已。根據目標意識行動的人，會發生以作為固定觀念的能指啟動的狀況嗎？

根據目的，為了得到「○○是○○」的結果而奔走的狀況下，生命和自然既是手段也被當成工具。然而生命和自然並不是工具，而是我們應該歸屬的地方。生命和自然具有的豐富多樣的表現形式中並未記載目的、效率、競爭，只有刻著生命旅程中的各種面貌而已。生命不想營利、生命不願征服、生命不斷然定義，生命只會改變表現形式，發揮生命力和活力、能量，讓生活向前發展。

有一陣子，我很好奇生命的內心是什麼，所以搜索了一下，還找到文獻，但是幾乎沒有專家為「生命之心」定義。生命之心是未知的領域，但根據推論，那不會是遵循人類固定觀念的心。生命之心具備的豐富性和多樣性，會透過多樣的行為和表現形式展現，幾乎不會發生根據某個固定觀念斷言「就是這樣！」的情況。

舉例來說，貓咪有嗅覺行為、獵食行為、求愛行為、團體行為、領域行為等多種行為，會出現許多種表現形式，那是因為根據每一隻貓咪，或與貓奴的關係會有不同的解釋和應用，所以才會有那麼多表現形式。對於又春，我們夫婦認為「又春是隻四次元貓」，所以沒有答案。我們並未把又春意義化，而我對又春來說，也不是有某種功能、作用、職務的人，或許只是把我當成在身邊就能成為

力量、因為在身邊所以才喜歡的人吧。不過這也不是固定的，還是會改變。

又春的多樣化的表現形式也刺激了觀眾們的想像力，看著牠用身體動作、聲音、手勢、腳法、氣味、表情等表現自己的樣子，就會發現這些表現形式比人類的意義化論點更豐富多樣。不過只有貓會這樣嗎？當然不是，自然和生命、風和水的流動所展現的多樣性、山和大海所展現的豐富多彩，舉凡生命和自然，都能多樣化地表現自己。

但是產業文明一直把自然和生命當作資源（resource）或素材（matter）。在素材層面，專注於將自然和生命作為工具或手段，並未關注其本身所展現的各種表現形式的靈性和美學。在這種潮流中，仍持續尊重和保護自然和生命的文化，是珍貴的人類資產。這個下午又春在身邊睡得像個小娃娃，或許等牠醒來又會立刻進行與眾不同的冒險吧。我也會毫不遲疑地表現自己。

我們應該恢復的慾望的真貌

•

野性

野性不是因利益和利害關係而聚集的群眾，而是傾向和渴望相吻合，水平聚集的慾望團體所表現出來的自律性，也是開拓外部能力。但是作為文明的外部，自然、生命、第三世界領土消失的今天，野性不在外部，而是讓棲息在內部的外部慾望能呼吸。「野性＝外部＝自律性」這神話的終結成為改變動物配置的契機。現在成為動物透過慾望解放、情感解放，被視為是走向轉換社會的生命能量和活力。在這堂課中，我們將討論動物們形成團體所創造的野性領土開拓。

「你們這些傢伙，對大心姐姐做什麼！」

每當 MOMO 和又春緊追著大心，我就會把牠們和大心分開，並訓斥牠們，不過牠們通常不予理會，又會重新整隊，再次追著大心。大心會驚慌失措，一邊生氣地嘶吼一邊跑走，但看起來並非因為害怕才躲開，而是因為不高興才跑走。

MOMO 和又春合體，研究室就變得像野生動物園或動物王國一樣。牠們兩隻專注於狩獵遊戲、追逐遊戲、捉迷藏等，搞得原本安靜的研究室一片混亂。MOMO 和又春充滿自信、勇於冒險，我很好奇牠們的熱情和果斷從何而來，仔細觀察後發現，MOMO 的堅實後盾是又春，又春的穩固靠山是 MOMO，兩隻互相依靠，形成了共同體。

前面也說過，在又春摘除一隻眼睛後住進研究室時，MOMO 就很照顧牠，理毛、哄睡、互相取暖，因為 MOMO 無微不至的照顧，又春越來越健康。問題是隨著又春在 MOMO 的呵護下成長，對貓奴們就越來越不在乎了，原本把妻子當成媽媽的 MOMO，最近似乎也覺得和又春一起玩更有趣，於是這兩隻貓每天上演不同的故事，甚至還發生

了被貓奴訓斥的狀況。就像深夜走在黑漆漆的街上，如果有朋友結伴，不知不覺就會產生勇氣，即使與陌生人擦肩也不覺得害怕，幫派意識似乎在這兩隻貓身上產生了。

其實在又春加入之前，MOMO 平常多半靜靜地看著遠山，不然就是一副垂頭喪氣無聊的樣子，即使玩逗貓棒也意興闌珊。但是與又春在一起後，MOMO 的野性似乎得到了啟發，牠們互相成為對方的力量和勇氣，成為玩伴，關係越來越成熟。平息 MOMO 和又春製造的混亂成為我分內之事，對於這兩隻貓來說，與人類社會和平共存和適應的程序似乎都不重要，相反的，大部分時間似乎都集中在處理領域的問題上。兩隻貓的團隊合作已經到達了巔峰，像召集者和跟隨者、偵察隊和特遣隊一樣分擔角色。

對動物的愛，對野性的愛

德勒茲和伽塔利在《千高原》中，揭示了「生成動物」的特別概念，在這裡，動物是帶有野性的存在，也可以說是具有野性慾望的群體。德勒茲和伽塔利為了說明野性概念，將按照文明方式組織的「群眾」和根據集體慾望組織的「群體」區分。例如，群眾是中央集中式的組織，群體可以說是根據興趣或愛好而聚集的存在。以此看來，又春和 MOMO 的組合不是群眾，而是群體。

生成動物是指我們內在的愛和慾望，在文明的軟性紀律面前，不應被控制方向，而是應該朝著開拓與眾不同的

領域和群體野性方向發展的概念。野生的愛，是走向荒地、原野、未知領土的愛和慾望的流動。生成動物的概念是愛得越多，就越擁有無可阻擋的野生力量，與溫馨家庭沒有關聯。眺望荒野的愛可以說是翻牆、橫貫、逃脫，開拓新領土的與眾不同的冒險和挑戰。小時候曾聽過，古時候男女若相愛但不被允許，甚至會半夜翻牆逃走，現在想起來，或許說明了他們擁有強烈的愛和慾望的野性。

仔細思考生成動物的概念，就會發現自然和生命中，有文明無法觸及的未知的野生領域。在近代以前，自然和生命可以說是壓倒文明的外力，然而近代文明生成後，不僅控制了自然和生命，連孩子、動物、殘障人士、狂人等的野性也受到規範。孩子們在學校必須守紀律，動物在工廠式畜舍和動物園裡被控制，殘障人士被限制在設施裡，狂人被幽閉在精神病院，在這些情況下，慾望和野性被徹底無力化，被視為需要控制和調節的對象。在 MOMO 和又春結成展現野性的群體，我也曾有過「如何把這兩隻分開，讓牠們成為聽話乖巧的貓」這種想法，但這就是與文明策略類似的想法。

生成動物的生成（becoming）是過程性的、進行式的愛和變容的概念。生成不像「存在」（being）一樣通過職分、作用、功能而固定，生成是趨勢和過程。生成動物也可以說是成為野性存在的慾望的過程。生成動物與圖騰（totemism）主義等原始、象徵性的設定不同，生成

生成動物
‖
變成野性存在的慾望的過程
挑戰、冒險、擁有勇氣的存在
向著未知領域前進的勇氣

動物不是模仿動物，也不是退化為原始設定的動物，反而是重新產生像動物一樣具有野性、挑戰和冒險的勇氣的存在。當愛和慾望不再遵循文明的規則而向外逃脫時，這種愛和慾望很容易被視為瘋狂或不道德的東西，但是愛和慾望本身就是我們內在一直具有走向文明外部的內在潛力，它遠遠脫離像家族主義一樣溫柔紀律的標準。

實際上 MOMO 和又春之所以重生為野性存在，可能是因為牠們互相太愛對方了，因為牠們對彼此的愛和慾望越來越大，最後到達喚醒牠們內在的野性力量。觀察牠們玩耍的樣子就知道，當又春開始追逐時，MOMO 似乎就會成為獵物，唧唧哼哼地躲起來，又春會「哇昂」地抓住 MOMO，嚇一跳的 MOMO 就會反過來成為追逐者。這種遊戲可以說是一種狩獵練習，牠們彼此反覆扮演追逐者與被追逐者的角色，因此野性的慾望復活。現在牠們兩個追逐的新獵物是大心。

MOMO 和又春在共同擁有的群體慾望面前，成為具有野性的存在。牠們連接了文明的外部以及自己內在的外部

人的慾望，牠們現在像追趕鹿的獵豹一樣，敏捷地來回追逐大心。研究室成了草原、成了大海、變成大地，現在沒有什麼可怕的、也沒什麼好畏懼的。MOMO 和又春在牠們的慾望中，如野生的獅子一般的本能原封不動地展現出來。

剛開始不知道該怎麼控制，但現在已經適應了，所以不會覺得很困難，因為 MOMO 和又春通常會專注於遊戲和圍攻的時間大概 1 個小時左右，然後就會漸漸疲累而入睡，只要稍微忍耐一下就可以了。所以現在不知不覺地，當貓咪們一窩蜂擁上來時，心裡會覺得「應該很有趣吧」而不會干涉，因為孩子就是孩子。貓咪們噠噠地奔跑，成為馬車、火車、汽車、甚至飛機。自從改變想法後，反而喜歡貓咪們的活潑，因為野性總是充滿了活力和生命能量。

外部的消亡和野性

地球的生態界限變得明確，現在人類如果不逃到宇宙，就只能在有限的資源、狹窄的區域、有限的生命之下生活，因此「外在＝野性＝自律」的觀點遇到了問題。

因為外部已經消滅了，這被稱為「外在效應（external effect）的消失」，生態經濟學家賈科莫・達莉莎（Giacomo D'Alisa）的《非增長：脫離成長概念語詞典》（Degrowth: A Vocabulary for a New Era）的內容對此給予靈感。企業

幾乎已經沒有餘地再為了自己的成長，將廢棄物轉移給第三世界、自然、其他生命。生態復原的費用比開發利益還要高的時代已經到來，生命和自然進入了文明的內部，成為如何保護、養育，什麼是需要保護的這些問題。

如果有外在性，那就是我們內在的自然和生命的能力——慾望和情感、愛的能力。從外部向內轉移視覺焦點是巨大的模式轉換，意味著與產業文明所具有的外在性神話隔絕。外在性的神話與自然主義相通，我們常常無法區分自然主義和生態主義，但是像自然主義一樣的想法，認為就如同身體毛髮會自然生長一樣，能夠自行治癒、自己生存的生態和生命並不存在，如果沒有保護和關懷的具體制度和系統，生命和生態就會變成一片荒地。外在的消滅與生態界限是同義詞，產業文明承諾的無限進步是虛構的這一事實已經天下皆知。

特別是動物，在動物園、工廠式畜舍、實驗室等場所瑟瑟發抖，生活在惡劣的環境中，現在就連野生動物也只能勉強將野生動物保護區或自然保護區當作自己的棲息地生活。在這種情況下，以野生動物為例的野性神話仍持續的證據也已遭駁回。生成動物只是走向自律行為方式的一種可能性和潛在性，並不是可以篤定地說：「動物就是野性的存在。」令人惋惜的是，野性的、自律的動物神話至今仍一直不斷被殖民化、被捕獲。從這一點來看，德勒茲和伽塔利的生成動物，只是作為思考如何在我們內部鼓勵

和促進野性，使其成為自律性原動力的程序而已。

生成動物反而可以説是群體慾望，動物不是獨自孤獨地守在家裡的寵物，應該是成群結隊擁有將慾望的方向性變得更加野性的、具潛力的存在。從這一點來看，結成群體的慾望可以說是我們內在化的生命和自然的能力。

雖然也有人認為現在談外在消滅太早，但產業文明遠遠超過了生命和自然能夠支撐的生態界限，資源越來越匱乏，氣候危機和生態界危機現在成為立即感受得到的現實。生命是有限的，大自然的侷限性很明顯，掠奪、提取、開採的產業文明展現了相信自然和生命界限無限的近代性為基礎的行動方式。那麼近代性的根源是從哪裡來的呢？它的思想含義是什麼？

工具理性和生成動物

法蘭克福學派的領袖麥克斯‧霍克海默（Max Horkheimer）曾探究過當代跋扈的納粹主義生成的原因，結果令人驚訝的是，將生命和自然工具化的工具理性的文明，是法西斯主義的基礎。根據《工具理性批判》（原文：Zur Kritik der instrumentellen Vernunft）指出，被認為是近代性根源的工具理性是將生命和自然視為工具、手段、資源，根據目的合理性進行加工、提取、開採等行為的文明支配理性。也就是說，並非生命和自然和平共存，而是根據人類的用處、用途進行分類並徹底利用。

但是若將生命工具化，最終會像骨牌一樣，與生命和身體連接的人類也會朝工具化的方向發展，以剝削勞動者、歧視少數族群，厭惡移民、殘障人士等將人類工具化的行動方式展開。生命和自然的工具化可以説是基於近代性的產業文明的核心運作方式，這種工具理性最終孕育了以憎惡、歧視、暴力對待人類的法西斯主義。

法西斯主義激勵了我們內在生命和自然的能力——慾望，反而朝著壓迫慾望的方向發展，「既然避不了，就享受吧！」這句話就屬於這一範疇。因此，以陶醉、恍惚、熱情的鬥士、血、男性、偉大的民族等形象的慾望壓迫和奴役受讚揚，並成為慾望。然而，法西斯主義只是為了服務於工具理性而動員慾望，而不是從工具理性中解放出來的慾望，也就是説，「貪圖奴役」是法西斯主義最重要的概念。只要在工具理性的基礎上，近代性和法西斯主義就無法克服，人類如果不把立足於工具理性的文明轉變為轉換社會，就只能不斷受到社會內部暗地裡不斷增殖的法西斯主義的挑戰。

轉換社會是催化我們整個生活風格變化的生活方式，換句話說，從汽車文明到自行車文明、從肉食文明到素食文明、從傳統農業到有機農業、從壓迫慾望到解放慾望的社會面貌轉變。

在這裡應該了解德勒茲和伽塔利的生成動物，是一工具理性的相反概念，面對法西斯主義的解毒劑就是生成動

物。不是在實驗室裡瑟瑟發抖的動物、不是被關在動物園籠子裡掙扎的動物、不是在工廠式畜舍中勉強維持生命的動物，而是成為激勵我們內在的生命力、成為與生命和平共存的動物。好好體現我們的慾望本身所具有的解放性、野性的面貌，才是走向解放的轉換社會的捷徑。

轉換社會與成為貓咪

　　近代透過工具化的力量，實現了生命和自然的富饒。但這並不代表轉換社會是禁慾、缺乏、不足的生活，相反的，在與產業文明不同的意義中，我認為這將成為富饒的時代，因為這會讓將慾望和活力成為最大值的慾望解放社會。慾望是我們內在的自然和生命的力量，是生命能量和活力。轉換社會以活力為優先，然後緊隨其後的是資源，與以資源創造活力的產業文明有所差異。還有如何創造活力的祕密就是生成動物的問題，因為我們內部潛在慾望的最大值就是活力的最大值。慾望不是野蠻、貪婪、缺乏、渴望，而是為了一起生活，形成和諧與合作，自我調節的能力。

　　從這一點來看，認為野性是粗糙、笨拙、沒有任何合作和協調狀態的老一代的觀點被駁回，我覺得，野性反而是像 MOMO 和又春一樣彼此有愛，忠實於慾望所得到的力量。被甜蜜的文明所馴服，進行心理治療、精神分析、治癒、健康生活等來設計自己的人生，這些都是無望的，

相反的，在生命危機、氣候危機和生態危機全面化的現在，需要發揮自己蠢蠢欲動的生命力，努力走向轉換社會。

當然轉換社會不會那麼容易到來，我也沒有信心，有時甚至會無法想像十年後 MOMO 和又春將面臨什麼樣的世界而感到心情低落。但是提供轉換社會提示的是 MOMO 和又春。在任何困難的情況下，如果我們能夠將體內的能量最大化，發揮超越典型慾望的活力和生命能量，那麼轉換社會這一與眾不同的前景將會非常接近。

一般認為的慾望多是「消費慾望」或「權力慾望」，但是具有野性的慾望可以看作是活力、能量、挑戰、冒險、意志、力量、能力等。我們要與我們內心的自然和生命力相連接，打開驚人的未來，那麼，耀眼、意想不到的轉換社會就有可能出現。

透過生成動物，我們可以面對走向野性過程式和進行式的慾望。每當看到又春和 MOMO 時，都會讓我感覺到與生命的和平共存不僅僅是動機和結論、理由和結果一致的利他性或靈性，而是在一定程度上具有凹凸、曲折、紋理的慾望。不是永遠善良、利他的靈性，而是有利他、自私、合作、競爭、善良、惡童等面貌的慾望，就像在互相競爭的同時，也能給彼此帶來動力的朋友一樣。

稍早打翻一排水碗造成大災難的又春，現在和 MOMO 互相依偎著睡著了，偶爾睜開眼睛，互相理毛，感受彼此

的體溫，感受春天的情趣。研究室一角的暖爐為牠們增添了溫暖，我想在旁邊的桌子上安靜地生成動物，夢想著轉換社會。

第 ③ 部

一同 TOGETHER

從貓咪身上學到未來的希望

將他人的痛苦視為己事

·

感知能力

　　感知能力（sentience）是指感受如痛苦等感覺的能力，以愉快和不快的形式表現出來。不僅是人類，動物也具有感知能力，所以我認為不應以此來區分人類與動物。因為感知能力的意義過於著重痛苦的感覺，所以也有人提出不應忽視複合感情、愛、慾望、情感等共享的過程。在這堂課中，我希望從對地球上最底層的弱者——動物的痛苦和憐憫的角度來談談感知能力。

一到上班的時間，MOMO 聽到我們上樓梯的聲音，都會率先跑過來迎接我們。MOMO 從小貓時期就被救援並受到特別照顧，所以對我們夫婦的愛與眾不同。獲救當時，MOMO 不過只有拳頭大小，全身都充滿了病痛，特別是眼睛發炎嚴重，臉都被膿水和膿包覆蓋著，當我們發現時，牠的眼睛早已睜不開，眼球上長出厚厚的粉紅色的肉。獲救後，有一段時間看不到，所幸逐漸好轉，現在只是偶爾會有些模糊的狀況，但基本上視力並不亞於其他正常的貓咪。

不過牠還有一個更大的問題是嚴重的便秘，在動物醫院接連 5 次灌腸，還是未能解決問題，最後腸子被撐大，還壓迫到脊椎，導致掌管排尿的脊椎神經出現異常，於是MOMO 尿失禁，因為牠無法感知到尿意。比尿失禁更大的問題是「巨結腸症」，因為慢性便秘使得糞便變硬，平時腹部就會習慣用力，如此一來大腸就會慢慢通過肛門被推出來，嚴重的話連內臟都被擠壓到體外感染而死亡。「巨結腸症」是非常殘酷的疾病，看到一個小生命一邊呻吟一邊在貓砂盆上用力，我們夫婦心都碎了。

當時 MOMO 還在隔離中，妻子整天在牠的房間裡不停地揉著 MOMO 的小肚子，嘗試用溫水進行灌腸，時時擦拭地板上的尿液，還要小心翼翼地陪玩，以免看不見的 MOMO 受傷，就這樣度過炎熱的夏天。

暫且不論每次去動物醫院都要支付不少醫藥費，MOMO 能不能活下去還是個疑問。我們找遍各種民間療法並進行實驗，研究室幾乎成了一間小醫院，雖然找到尿失禁和巨大結腸問題的根本原因在於便秘，但卻無法解決問題，只能依靠動物醫院的藥物治療和灌腸而已。後來 MOMO 甚至連玩的力氣都沒有，常常無力地躺在地上，因為擔心，我們夫婦的上班時間越來越早，每天都帶著害怕的心情打開 MOMO 房間的門，擔心我們不在的夜晚，這年幼的孩子會不會就失去了性命。每次打開房門確認 MOMO 還活著，我都會切身感受到生命真的是很堅韌的。

一回獸醫小心翼翼地問：「有沒有考慮安樂死？」我們夫婦立刻斷然拒絕：「絕不！」於是獸醫又說：「聽說南瓜對治療便秘很好，但是會吃南瓜的貓很少……你們要不要試試，也許對牠有幫助。」前面也提到過，這個提議為 MOMO 和我們帶來了奇蹟，我們真的充滿喜悅和感動，MOMO 恢復了健康，可以盡情玩耍，放心呼呼大睡，我們也從巨結腸症的恐懼中解放了。

生命皆能感知痛苦

我們夫婦之所以能對 MOMO 的痛苦產生共鳴，是因為 MOMO 明確地表達出來，牠唧唧哼哼地走近我們，表達牠的疼痛、疲憊、痛苦，引導我們進入憐憫和產生共鳴。

一位學習認知心理學的朋友說：「知道動物病痛一事，是知識論上不可能的假說！」但是 MOMO 生病不是假說，而是現實，因為在我體內肯定會有對疼痛的表達產生共鳴。近代哲學所蘊含的知識論的重要假設被束縛在「人類如何獨立於生命和自然並了解這一點」的問題設定中，近代哲學只不過是提出透過知識論、存在論、邏輯學等前提的近代主體人類如何獨立於生命和自然，展開知識、存在和理論的人類中心主義而已。拿著有黴味的舊哲學書，口中說著人類無法知道生命和自然的痛苦，聽到那位朋友這麼說，簡直讓人忍俊不住，他還說：「用腳踢狗也不知道疼。」人類從自然和生命中分離出來，這只不過是相互連接的生態界中絕對不可能存在的理論假設而已，這種以人為本主義是充滿傲慢和自滿的近代哲學家和學界的主要基礎。

動物倫理學家彼得・辛格（Peter Albert David Singer）表示，動物也有感受痛苦的能力，也就是感知能力。辛格列舉了功利主義者傑瑞米・邊沁（Jeremy Bentham）的理論，他認為動物也有像人類一樣能感到愉快、不快的能力。提起功利主義，就會想起「最多數人的

動物感受
痛苦的能力　　→　感知能力

生命共生的　　→　人與動物的
功利主義　　　　生命價值是
　　　　　　　　同等的

很痛嗎？
我也感覺很痛！

最大幸福」這個命題，為了多數人的愉快，要少數人忍受犧牲的主張是盲點，但是多數的愉快中也可以説包含生命的愉快，因此也提出了當其他生命感受到巨大痛苦的狀態時，對人類來說也不會是有利狀態的倫理命題。即使我感到快樂，如果生命和自然在不愉快和痛苦中，那也不可能是幸福。在這裡提出了包括生命和自然、人類在內的巨大生命共生的功利主義，因此，在辛格的功利主義構圖中，生命和人類同時包含在「最多數的最大幸福」這一命題內部。

　　辛格在這裡更進一步提到，從人類和動物都感受得到痛苦這一點來看，應該從「同等利益考量」的觀點進行思考，這是在功利主義的範疇內，將倫理命題展開到最極限的結果。換句話説，超越了指出動物也感受到情感的功利主義範圍，堅持將人類和動物應該同等地位思考的理論。

根據辛格的主張，人類無法迴避動物所感受到的痛苦，因此，人類代理人成為代表動物進行權利活動和實踐。

辛格在 1975 年發表的《動物解放》（Animal Liberation: A New Ethics for Our Treatment of Animals）一書，毫無保留地揭露了生活在工廠式畜舍中的動物悲歌。因為人們認為缺鐵的粉紅色小牛肉是美食，因此小牛被迫舔著釘子，被培養成得貧血症的牛，還有不停地下蛋直到死亡的母雞、被困在無法轉身狹欄中反覆生育的母豬等，都如實呈現。那種工廠式畜舍的情況到今日幾乎沒有改善，在沒有陽光，髒亂、潮溼、惡劣的農場裡，動物們一直接受抗生素和生長激素的注射而飼養，這些事實被徹底隱藏著。工廠式畜舍的動物們在我們面前時已成為超市架上陳列的美味肉品，在不衛生的工廠式畜舍環境遲遲未改善的情況下，消費者們只能挑選包裝看起來衛生的肉品。

這種對動物的痛苦產生共鳴和連結，會以怎樣的行動方式誘導我們呢？辛格認為和種族歧視、性別歧視、少數人歧視一樣，也有物種歧視的問題，就像歧視黑人持續了一個世紀一樣，物種歧視已經內在化了。如同黑人解放、性解放，現在擺在我們面前的是動物解放這一個與眾不同的課題，我們應該做些什麼呢？

辛格提出純素主義（vegan）作為倫理的實踐，正如他在書的序言中提到，這與吃著香腸時說自己有多愛寵物的好事者截然不同，他對動物所感受到的痛苦深有同感，

並主張應該走向完全素食等最極端的倫理行動。對動物的痛苦產生共鳴而在倫理上的素食主義，與為了健康而成為素食主義者是截然不同的，也就是說，對地球上生命所處的惡劣狀況深有同感同身受，為了克服他們的痛苦而具有連帶實踐的意思。

不久前遇到一位愛媽，她一邊說著因為傳染病流行，許多流浪貓們都因此而失去生命，讓她也深深覺得痛苦，於是她開始吃素。感知能力並不是「感覺痛苦」這種哲學性思辨的命題，而是深刻的共鳴和具有連帶性的感受力。因此，感知能力超越了「感覺痛苦的能力」，是一種能去「愛」那些感到痛苦的動物的能力，更具有擴散效果。從我的經驗來看，動物們超越了愉快與不快的感覺，擁有豐富多樣的感情線。每當看到窩在妻子身邊入睡，或一直踩踏妻子胳膊的 MOMO 時，就會感受到「牠真的很愛妻子啊！」由此看來，感知能力不僅僅是對痛苦的感受力，還包含了對愛的感受力。

成為度過痛苦時期的橋樑

MOMO 生病時，看到牠躺在地板上哼哼呻吟的樣子，我通常是無能為力，只能不停地撫摸 MOMO。但妻子不一樣，她會抱一抱 MOMO，然後餵藥、撫摸肚子、動用各種民間療法幫助排便，甚至還學習了在家自行灌腸的方法。妻子從來都沒有放棄，或許是這個原因，透過這許多充滿

真誠的努力，當 MOMO 復原時，妻子的喜悅是超乎想像的。拯救生命的努力，是什麼都無法取代的。

在痛苦時期成為過渡的橋樑是非常有意義的事情，小小年紀的 MOMO 把自己的身體完全託付給妻子，而克服了持續的痛苦。之前我曾懷疑過怎麼可能成為險惡世界的橋樑，自己也很痛苦，又怎麼能對其他生命負責呢？但是這樣的想法在見到 MOMO 之後，全部都被打消了。我不認為 MOMO 的康復是個奇蹟，那是妻子的真誠和努力，全心照護的成果。

在特別炎熱的 2018 年夏天，許多流浪貓不幸失去生命。有一天，妻子打電話給我急著說：

「出事了，快點過來！」

研究室周邊的文來洞打鐵巷發生了流浪貓被路殺的事故。我馬上趕過去，現場非常淒慘，被路殺而死的貓咪旁邊有一隻看起來像是牠兄弟的小貓傷心地哭著。我們人一到，那隻小貓就躲到一旁，但仍不停回頭，發出悲傷的哭泣聲，好像很捨不得的樣子。不幸過世的貓是住在研究室隔壁屋頂的流浪貓家族成員之一，很可能是 MOMO 的手足。

幾天後，又發現了一隻死去的流浪貓。這回是在隔壁住戶屋頂發現的，是一隻小貓，旁邊還有一隻看起來生病的小貓守護著兄弟的屍體。流浪貓生活的惡劣現實讓我非常心痛，有一餐沒一餐，沒有乾淨的水，生病而死是家常

便飯。我們原本在隔壁的屋頂上設了餵食區，固定放置飼料，但是因為部分居民不滿而撤除，看到眼前這一幕更加心痛。

妻子小心翼翼地走到死掉的小貓旁邊，收拾了屍體，這時守在旁邊的小貓對妻子哈氣。仔細一看，小貓瘦得厲害，一隻眼睛還腫得鼓鼓的，如果放任不管肯定會出大事。妻子伸手想抓牠帶去醫院治療，沒想到那隻小貓狠狠咬了妻子的手，結果反而是妻子必須去醫院治療。後來我去頂樓救起了倒下的那隻小貓，成了我們研究室的老么又春。

又春結束治療和隔離後開始研究室生活的當天，MOMO 是最先接近牠的家人。我原本擔心 MOMO 會不會認為老么的位置被搶走而不滿，原想把牠們隔開，但妻子制止了我：「先別管，仔細觀察。」結果發生了驚人的事，剛開始會哈氣的 MOMO，沒過多久就跟又春玩了起來，而且還幫又春理毛，抱著牠睡著了。感覺 MOMO 對又春的痛苦感同身受。

對生命的尊重始於對痛苦的憐憫

辛格說動物也有感知痛苦的能力，認為人類應該對動物的痛苦產生共鳴和憐憫。在痛苦的小生命面前，有人能夠不感同身受的嗎？就如同走向又春，感受牠的痛苦而憐憫的 MOMO 一樣，人類也有能力對動物的痛苦產生共鳴，

任何人都有能力，懷著「你的痛苦不是別人的事」這種心情，去幫助和照顧其他生命。就連對 MOMO 有競爭意識的達公，看到 MOMO 哼哼唧唧痛苦時，也會擔心地發出彷彿自己也很痛苦的「嗚嗚」聲。我認為如果曾與生命一起經歷過愛並感同身受的人，必有勇氣站出來愛少數族群、款待移民、接納難民、關懷殘障人士。從這一點來看，對生命的憐憫、溫情、關懷在地球上，比溫室氣體排放留下的髒亂足跡更具價值和意義。

生病的 MOMO 進入研究室後，我們夫妻變得更成熟。這是為他者的痛苦和困難感到憐憫和共鳴，並與他們奠定連結基石的契機。期望對生命的痛苦產生共鳴的能力，能發展成對少數族群的愛，因為動物能夠生活的社會，是少數族群、孩子和老人也能生活的社會。

———— **Lesson 14** ————

「活著」本身就是有尊嚴的權利
·
內在價值

　　內在價值意指生活中的生命所具備的固有價值，生命活動讓生活中刻有各種花紋和紋理，特別是玩樂時表現的幸福和喜悅，會完全體現出生活的內在價值。生命應該根據生活的價值來判斷，而非由工具價值或用處來判斷，這是湯姆·雷根（Tom Regan）提出的內在價值的概念。在這堂課中，就來描繪一下生活所擁有的凹凸、曲折、皺紋展開、創造生活過程時的模樣。

「怎麼也聽不到呼嚕聲。」

妻子把耳朵貼在大心肚子上低聲說道。獨立、自尊心強的大心很奇怪，在我們撫摸時都沒有反應，所以我們夫婦把大心定位為有呼嚕障礙的貓。其他貓咪只要輕輕撫摸，就會發出巨大的呼嚕聲，大心卻總是無動於衷。像達公，甚至發出近乎耕耘機那樣大的呼嚕聲。我知道對貓咪來說，呼嚕聲是表示心情好的意思，也是代表生活滿意度的指標，所以難免心想是不是我們讓大心對生活不夠滿意，感覺有點歉意。即使大心偶爾會呼嚕，也只是輕輕地發出一點點聲音而已。

有很長一段時間，我們夫妻倆感到自責，懷疑自己是不是沒有能力照顧好貓主子。某年冬季，有一天，大心突然鑽進躺在便床上睡午覺的我的懷裡，或許因為天氣冷吧，我張開右臂迎接大心，大心更往裡面鑽了，有一種想要深入我的生活築巢的感覺。我感受到非常溫暖的體溫，呼吸聲也嗖嗖地傳來，所以我把臉埋在被子裡仔細地看著大心。大心很自然地摺手趴著，像一整條吐司麵包似的。大心似乎覺得冷，於是我打開電熱毯，大心漸漸改變姿

勢，伸直四條腿躺下，就像往常一樣，而我則用手不停地撫摸舒舒服服躺著的大心。

就在這時，在與大心一起生活 8 年後，我第一次聽到大心發出響亮的呼嚕聲。從此之後，每當我要去睡午覺時，大心都會跟著我一起睡在被窩裡。聽著大心的呼嚕聲，我也睡得很沉。

某天像往常一樣，我躺在床上準備睡午覺，大心也跑過來，我順勢挪了挪位置，右手掀開被子為大心提供進入的空間。這時我的大腿貓——達公正好目睹一切，我似乎看到達公的瞳孔在晃動，這是錯覺嗎？突然對達公產生莫名的歉意，但我心想應該不會有什麼事，於是就睡著了。大概睡了 30 分鐘後起來，看到達公似乎在房門前等著我，我走到哪兒牠就跟到哪，還一直蹭我的腿，讓我沒辦法好好走路。我沒撫摸達公，但牠自動發出呼嚕聲，那聲音不是撫摸時發出的聲音，聽起來就像是從體內湧出帶著懇切的隆隆聲。「達公，我哪兒都不去，會一直在你身邊。」雖然我這麼說，但達公還是一直蹭我的腿，展現「這個貓奴是我的！」的領域意識。從此之後，每當我要睡午覺時若大心想跟來，就得看達公眼色，只好趁達公睡覺時或注意力轉移到別處時，再偷偷叫大心進來。

呼嚕給予的治癒效果

我每天聽著達公和大心的呼嚕聲，思考這聲音帶來的

治癒功能。事實上，貓咪的呼嚕聲具有自我療癒的效果，貓咪或其他動物發出這樣的呼嚕聲，是表達自己的生活受到保護、感到安全、自我滿足、心情很好的意思，也有人說是自我催眠。或許是因為這樣，所以讓聽到呼嚕聲的人類也一起感到滿足，感覺安心。貓咪發出呼嚕聲，有時感覺就像孩子們在黑夜中邊走邊唱歌一樣，因為貓的呼嚕聲代表了克服困難和惡劣的現實，努力活下去的意志，也是對生活的滿足感和自尊感的表現。呼嚕聲給予的治癒效果非常了不起。

貓咪這個生命體，把自己的身體完全託付給人類伴侶，發出呼嚕聲；人類伴侶在聽到呼嚕聲的滿足表現後，會更加細心地撫摸貓咪，因此而產生協同效應。

達公的呼嚕時間是早晨爬到我腿上接受撫摸的時候，只要呼嚕聲持續，我的大腿就是達公的。無論有多麼緊急的工作，在達公的呼嚕聲平息之前，我的手都無法停止撫摸。遇到逼不得已內急時，常會因達公的持續呼嚕而顯得手忙腳亂。這段屬於我們的呼嚕時間，達公與我非常真摯地共度。達公在我大腿上呼嚕時，有時會感覺時間好像靜止了，這一瞬間彷彿就是永遠，這呼嚕聲就像生命的和弦，因為生命具有能力以和弦與節奏來表達自己的人生。呼嚕的和弦帶給我回音，對達公這個振動器產生共鳴的我，也以顫動來回應。透過呼嚕聲，感受到我和達公之間有震動、有回音、有和弦。

生活不只是平面，在生活裡有凹凸、曲折和皺摺。在反覆的日常中，細微差異帶來的旋律、波動、節奏所拋出的回音中，不斷給予刺激與和弦，這就是生活。貓咪的呼嚕聲就是如此，其中包含和音、節奏、迴響、顫抖、共鳴。或許貓咪的呼嚕聲正是展現在牠們貓生中存在的痕跡。

微小的手勢、美味的零食、或是輕微的觸碰，都會撼動貓的生命，讓貓用全身歌唱。那首歌不是單純透過呼吸與聲音混在一起的旋律，而是從內臟深處蔓延出來的聲音。貓的全身在震動，它不是爆破音、喘鳴或分節音，而是像水流一樣具有波動、振動與和聲，所以用手撫摸發出呼嚕聲的貓的貓奴，也會被這聲音感動。

也許我們忘了這感動的回音，在回音裡我們也是會做出顫抖反應的振動器，但是這振動器和回音筒有什麼用途，如何讓它振動，這些都忘得一乾二淨。然而貓咪很清楚在什麼時候，應該怎麼使用振動器和回音筒。「是的，我喜歡你溫暖的手，這讓我心情很好，我喜歡你！」

生命的內在價值

主張動物權利論的哲學家湯姆・雷根曾說過，生命有原本的價值、本有價值、內在價值。也就是說，動物是具有自己意識（awareness）的存在，是具有生活意志的存在，所以不應該將生命用工具價值來看待，而應該站在生命所具有的內在價值判斷。在動物園、工廠式畜舍中、實

驗室裡，動物們被理所當然地以工具價值的標準來對待，但事實上誰也沒有權利隨意破壞這些生命，帶給牠們痛苦和傷害，因為動物「活著」本身就是一種權利，因此，人類有義務不破壞非人類生物的生活也不該給予痛苦。

對於動物權利論的主張，有人質疑生活、生命所具有的內在價值是什麼，甚至需要賦予權利和義務嗎？對生命來說，生活是透過自己原有的節奏與和弦、領土、群體、植被、養生、生理、生殖等過程，展開生命原本的能量與力量、尊嚴和權利的一系列過程。

生活意味著可以自己訴說自己權利的根本生命權。雷根在倡導動物權之前，在各國已經對樹木、鳥等進行了生命權訴訟，在韓國，池律大師的「蜥蜴訴訟」[8]，也是意義深遠的生命權訴訟。池律大師是位於慶尚南道梁山市千聖山的寺廟——內院寺的比丘尼，她決心要成為蜥蜴的伴侶，對抗當時欲建設慶州高速鐵路的地方勢力，進行一百天的絕食抗議，而池律大師絕食動機的蜥蜴，也成為崇高的「脫成長」標誌。

我們的文明仍然在踐踏著悲嘆、吶喊、嚎哭的生命，

[8]韓國京釜高速鐵路千聖山區間的元曉隧道工程，池律大師率寺廟、環保團體以隧道工程會破壞蜥蜴棲息的濕地為由，於 2003 年 10 月提出臨時處理申請，要求停止施工。而在 2004 年 4 月和 12 月進行的一審和二審中，均被駁回，於是向大法院提起訴訟。在此過程中，池律大師曾 3 次絕食，引起社會關注，因環境團體的反對，在 2004、2005 年各停工 3 個月共計停工 6 個月。最後於 2006 年由大法院判定繼續施工。

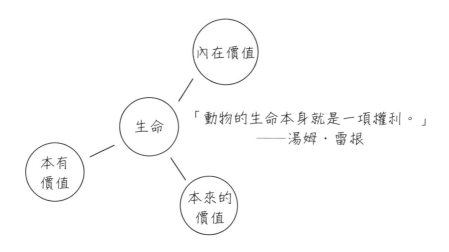

「動物的生命本身就是一項權利。」
——湯姆・雷根

這一點需要反省和檢討。為了改善動物的待遇，尋求動物的福祉、權利，我們必須改變，朝動物權，也就是生命權的方向思考。生命可以在生活中為自己發聲、自己跳舞、自己唱歌，就像貓的呼嚕一樣，當我們傾聽生命的表達時，也能認知到生命原有價值立足的權利。

生命的內在價值，是具有生活意志的存在，所具備的尊嚴的價值。沒有任何生命會在破壞自己的同時感到喜悅或快樂。保護自己，發揮生活的意志，隨著生命力和活力，有權利做出和弦、節奏、發言、移動、舞蹈等行為。只要活著、呼吸著，不管是什麼，都不能對其努力生活的事實進行嘲諷或貶抑，因為生活中蘊含迫切的尊嚴和權利。

可能會有人對權利論「已經透過存在完成，因此可以

主張個體權利」的論點提出疑問，批評過度強調個人中心主義和權利主義，無視生命具備的威嚴和尊嚴，透過消滅和破壞，取得工具性的利益，這是現今文明的特徵，也是不能忽視的一點。從某些方面來看，權利在無法守護的時候，只能更強烈地主張。如果像現在這樣虐待生命、剝削生命的肉食文明、動物實驗室或動物園等空間持續營運，那麼動物權就必須不斷強烈呼籲及提出討論。

生命一詞既是感動的，也是偉大的。在英文中，生命（Life）與生活（life）是同義詞一事絕非偶然。

對生活中存在的敬畏

史懷哲（Schweitzer）博士在非洲行醫期間，看到所有的存在為了維持自己的生命而迫切努力的模樣，而領悟到對生命的敬畏。無論是襁褓中的嬰孩還是患病的老人，在他們身上都能發現生命的偉大，因此敬畏生命是身為人類很自然的反應。

我們的研究室可以說是生命多種演繹相融合的空間。每天早晨都會爬我腿上呼嚕的達公，在午睡時間用呼嚕聲哄我入睡的大心，還有相親相愛的 MOMO 和又春，看著這些貓咪，就會感受到滿足與幸福而興奮不已。

一直以來，我們對生命發出的和弦「呼嚕聲」的意義漠不關心，覺得只是心情好而發出的聲音，卻沒想到當這聲音傳達給其他生命時，回音會變成顫抖、共鳴，成為改

變彼此關係、改變與周圍環境關係的泉源。作為一個生命向另一個生命傳遞信息的呼嚕聲，是整個身體抖動發出的聲音，讓聽的人心裡撲通撲通直跳。現在大心也在我敲打鍵盤的手上干涉，發出呼嚕聲。大心能找到發自內心的呼嚕聲真是太好了，而在這個過程中我做了一點小小的貢獻，所以心情更加愉快。

深不可測的心

·

無意識

　　無意識的意義，與其說是意識之外的剩餘部分，不如說是能夠了解我們心靈的深度、高度、寬度的心靈大地圖。史賓諾沙關注這種寬廣的無意識，即棲息在機器、事物、生命配置上的心靈，而弗洛伊德只提出了被家族主義束縛的狹隘想法。為了恢復在無意識深淵裡所具有的廣闊、偉大、深奧，必須回到生命的中心，藉此打開接近我們心靈祕密的窗。

「大心好像很懂得欣賞古典音樂。」

妻子輕輕捅了我一下並低聲地說。我在寫作過程中，通常會播放古典樂，大心就會豎起耳朵，隨著音樂輕輕搖擺尾巴，這天大心也沉醉在音樂裡。大心對古典音樂的造詣頗深，對貝多芬、莫札特和華格納的音樂尤其陶醉，只要我播放情歌、獨立音樂或流行歌曲，大心就會馬上起身去別處，唯獨只鍾情於古典樂。大心在研究室生活 8 年，一直對音樂很感興趣，或許是因為一直生活在安靜、沒有變化的環境中才會這樣。我發現大心在聽音樂時，對一個小小的音也會表現出細膩的反應，非常神奇。

聽古典音樂的大心是什麼心情呢？在思考什麼？有什麼感受？據說動物行為學可以用行動掌握動物的想法，看著巧妙配合古典樂節拍移動的尾巴，總是感到無比奇妙。

「牠肯定在想些什麼。大心也許是在思考宇宙。」

我和妻子都這麼想。在大心那神祕眼睛的另一端，彷彿置身於巨大而廣闊的無意識之中。喜歡安靜思考的貓、沉浸在沉思中望著窗外的貓、靜靜欣賞夕陽晚霞的貓，大心到底有什麼樣的心情？

妻子發現大心的內心很深奧，希望可以挖掘出來變成看得到的成果，所以有一天準備了貓餅乾和玩具，開始教大心學習數字，展開教大心認識 1、2、3 的計畫。

「這個叫做『1』。1，知道嗎？兩個 1 加起來就是 2。」

大心認真地看著妻子，安靜地聽著妻子說的話，聽完之後，就像跟著複誦一樣，有時動動腳，有時喵喵叫。

「喔喔。有了，牠有反應了！」

妻子停了一下，心急地催促起大心反應，結果大心用力咬了妻子的手腕，然後逃跑了。貓奴媽媽的數字教育不知怎麼的，變成像虐待和訓育一樣。但其實大心似乎並不討厭學習，當我們研究室舉行研討會，人們聚集在一起討論時，大心總是會站在桌旁觀察，看看大家都在說什麼，有誰是第一次來的客人，牠都會給予回應。如果還有時間，牠會來到我面前仔細聆聽討論內容，但也因此讓我無法好好地看著筆電或資料，因為大心會坐在我的資料上共同參與研討會。看著一起參與研討會的大心，我想起以前聽人說過，小狗會咬批評人類伴侶的人，所以在討論時大家都不能批評那個人，我不禁想像，如果大心也有這種能力會怎麼樣？那我就是有了強大的友軍。不過那種事並未發生，大心只是平靜地參與研討會，但也得益於此，在研討會中大家都知道有個特別的出席者叫「哲學貓大心」。

動物的無意識，人類的意識

「動物沒有無意識（unconsciousness），因為對牠們來說，根本就沒有意識（consciousness）這種東西。」

法國的精神分析學家雅各·拉岡（Jacques Lacan）這麼說。據伽塔利的說法，意識是具有意圖、目的、指向性的想法，而無意識是棲息在場所、人物、事物、自然、生命的配置中的想法。拉岡認為意識的殘餘部分是無意識，把重點放在對意識的無意識的掌握力和優先性上。根據拉岡的主張，因為貓不像人類有「意識」，所以也不會有「無意識」，雖然從某種角度來看這句話似乎沒有錯，但不得不說這是極度蔑視生命的心、靈性、慾望的觀點。貓咪真的沒有心思嗎？在目標意識上做不了什麼的存在，就代表連心都沒有嗎？拉岡的這種想法可以說是暴露了以人為本主義的傲慢和自大。生命和自然存在著巨大、廣闊、偉大的心靈，這種心意雖然不是以目的意識表現出來的，但是透過其形態、關係網絡和配置，蘊含在相互連接的過程中，也因此，生態界根據形成關係和連接方式構成了「心靈生態學」。

關於無意識，17 世紀荷蘭哲學家史賓諾沙在《倫理學》中首次提及，「我們擁有意識未掌握到的思想領域。」史賓諾沙是無意識概念的創造者，史賓諾沙的無意識是愛、慾望、情感棲息的「內在性平面」，就像圖畫紙上作畫一樣，愛、情感和慾望都描繪在無意識的平面之上。經

關於無意識

史賓諾沙：我們擁有無法意識的思考領域。
弗洛伊德：透過夢、失誤、開玩笑短暫顯露的意識殘留物。
拉岡：動物沒有無意識，因為動物根本就沒有意識。
榮格：有深度的思維。

過兩個世紀，史賓諾沙這樣的無意識思維，在哲學史中隱藏了面貌，似乎從人們的腦海中消失了。

19 世紀末，奧地利精神分析學家弗洛伊德（Sigmund Freud）重新提出無意識概念，他認為人的意識就像冰山暴露出來的一角，在底層還有更巨大的冰山體，也就是無意識。據弗洛伊德的論點，無意識會透過夢、失誤、開玩笑等形態短暫地展現。例如，對審判感到厭倦的法官將「開庭」說成「休庭」的口誤；在夢裡做自己從來沒做過的事；在開玩笑中隱約透露出對他人的厭惡等都是無意識的表現。弗洛伊德表示，無意識會透過日常的縫隙短暫地顯露出來。但是從今日透過媒體和網路的形象和影像傳播，大量生產無意識的狀況來看，弗洛伊德的主張是極為陳舊的想法。今日社會我們的無意識，就像生產麵包一樣，透過電視、YouTube 或 Facebook 產出並流通。

弗洛伊德雖然發現了存在內心的巨大無意識，但卻將它丟到意識的殘餘領域中，而且始終戴著有色眼鏡來看待無意識。他的理論在人生末期走向貶抑的觀點，

將衝動和無意識等同看待。像對於戀母情結（Oedipus complex），刻印在我們所有人無意識中的印象，是殺死父親以占有母親這樣神經質的想法。會有這樣的想法可說是將西方中產階層家庭的心理狀態適用於全人類的還原主義，透過一種自卑感還原的思維主義、像魔法拼湊成的解釋主義，將社會上遇到的人一視同仁地偏頗認知來引領我們。無意識的領域並非全都是神經質的還原，應該是擁有多重症狀的心，也是多樣化的心的融合，形成均衡和協調的生態界狀態。因此以「你是憂鬱症」、「你是神經病」這樣的獨斷還原為一種狀態的做法，絕不能說是從全方面觀察心靈生態系統的方法論。

弗洛伊德認為，在無意識的隱藏意圖意識化的瞬間，精神疾病就有機會治癒。從他主張意識的治癒效果這一點來看，可以說沒有完全脫離近代的主體哲學。特別是弗洛伊德主義就像在孩子沾滿尿的小領土上，蘊含了「父親、母親、我」三角格局的家族主義神話，也就是戀母情結這個固有觀念的象徵秩序。然而對孤兒，也就是沒有家族主義展望的年輕人來說，弗洛伊德的理論沒有說服力。

無意識是廣闊的，因為宇宙、自然、微生物、原子、生命、機器等萬物所蘊含的心就是無意識。即使是大心，我們也無法知道牠的無意識是什麼形態，會以何種方式顯露和啟動。大心可能會用如同精密顯微鏡一般追蹤小昆蟲的眼睛，展現出重新創造世界的無意識。任何科學方法，

都無法完完全全探知一個生命的心靈。貓咪眼中的世界與人類眼中的世界截然不同，心靈實踐和變化也會不同。我們必須反省，人類文明所具有的有意識的方法論，是否讓我們以固定的形態、偏見、成見看待這個世界。

正如美國人類學家格雷戈里·貝特森（Gregory Bateson）所說，透過意識的無意識化，可以減少經常被意識到的狀況。換句話說，為了減少反覆的意識，就要讓那些意識像生活習慣一樣處在無意識的領域。由此看來，可以區分出無意識的意識化這一「學」的領域，和意識的無意識化也就是「習」的領域。「學」是想要更多的信息和知識，但是「習」要儘量減少有意識的知識，著重在實踐，因為我們要向著「知識＝實踐＝生活」的領域發展。透過意識的意圖、目的、指向性的傾向越小，我們越能連接到廣闊的無意識領域。如果我們的心與生命的心朝同樣的方向前進，將成為提前實現轉換社會的基石。生命無意識、宇宙無意識、微生物無意識、量子無意識是我們需要的。

黑盒子，本質的貓，運轉的貓

大心的心，也就是生命的心，動物的無意識只能歸納出「無法得知」的結論。即使某動物學家指出動物會做出這樣那樣的行為，是因為這樣那樣的原因，但這不是針對心靈，只是就其行為模式、習性、本能的分析。生命就像

一個黑盒子，即使人們看不到裡面，也能展現良好的運轉狀態，就像我們的生活一樣。

　　我使用的無線吸塵器幾年來一直把貓毛清得很乾淨，至今從未故障過，運轉良好。雖然我對機器的內部構造不了解，但在使用上完全沒有障礙，然而一旦這個吸塵器故障了，我就無法修理，只有專業人士才會修理。生命也一樣，雖然有些專家知道生命的功能，但沒有一個專家知道生命的本質。即使問大心「為什麼會出生在那麼險惡的環境中？」大心也只是靜靜地與我四目相對。對於大心的無意識和心靈，我只能推測而已。

　　近代哲學回避關於本質和理由的問題，只回答運作和形式，更準確地說，就是建立了對功能提出解答的專家主義社會。古代的形而上學對事物、生命、人類、自然的本質和理由提出疑問，形而上學分明是古代人類充滿野心的計畫，以蘊含在大自然的靈魂、神聖、自我原因等來解釋世界的運作原理，但那可能是沒有答案的問題。當然也有透過無法回答的問題重新創造世界的時候，佛教的看話禪就是一例，透過無法解答的主題從中得到領悟。

　　小時候我很好奇鐘錶運轉的原理，所以曾瞞著媽媽偷偷拆開手錶，拔出裡面的齒輪、鏈子、螺絲等，然後用神祕和敬畏的眼光看著那些零件。拆卸很容易，但是要重新組裝回去是不可能的，我不是手錶的發明家，於是錶停了，再也不會走了。雖然破壞生命或事物很容易，但是為

了使其重新成為生命、事物，則需要付出很大的努力。雖然很容易解體，但重組結構卻非常困難。如果更深入有關本質和理由的問題，或許我們會為了了解生命的心而剖開大腦，但即便如此，也不可能完全掌握心靈的生態學，因此可以說形而上學是從一開始就挑戰不可能的計畫。

　　當然，從哲學所說的個體角度來看，貓的實體（substance）似乎確實存在，此實體是指獨立於外部並具有自身原因的個體。但是，沒有與外部溝通而獨立存在的實體是不存在的，因為貓的心依賴著貓跳臺，貓跳臺依賴著地面，地面依賴著地球，地球依賴著太陽系，太陽系依賴著宇宙，世界上所有的存在都是相互連接相互依賴的，同時這也與貓奴的心有著強烈的連繫。因此，要百分之百完全了解生命的心是不可能的，但可以追蹤到其內容和配置。如果觀察相互連接的關係網絡，就可以接觸到個體具備的想法，實際上，心靈的生態學是源自於關係網絡的心。當我們靠近大心和遠離大心時，撫摸大心和訓斥大心時，以古典樂為媒介關係和以重金屬為媒介關係時，依據關係建立方式的差異，在大心的心中會產生不同的想法，牠的心思是對建立關係的人類，還是大心自己，可說是沒有意義的爭論，因為心本來就棲息於這種關係網絡和配置本身。

　　「大心就是這樣，所以才會有這樣的心思，做出這樣的行為。」如果能夠定義本質那該有多好，但是大心擁有

時時刻刻都會變化的心靈，我對待大心時的態度也時時刻刻在變化。有時大心會發牢騷，有時又像世上最會玩的孩子一樣跑來跑去，有時也會優雅地隨著古典音樂搖擺尾巴。擁有一千張臉的大心，這一千個無意識構成了生態界，各自形成了和音、節奏、和諧、共生的狀態。偶爾我也會做些實驗看看大心有什麼反應，比如說在大心和達公之間放貓零食，通常大心會禮讓，在一旁看著達公吃東西。大心的心靈實驗感覺就像動物心理測試一樣，所以很少進行，但是偶爾進行的實驗結果，感受到大心擁有穩重優雅的心靈時，會讓我更想擁抱牠。

生命之心的深度、廣度和高度

　　無意識適切地表現生命所具有的心靈深度，無意識是巨大的無意識，是遠古的原始人類、生命、孩子們的心。朝向無意識並不代表倒退，而是讓長久的夢想再生循環的心態前進，那個心是長久的未來，代表著無意識的基礎。分析心理學創始人卡爾‧榮格（Carl Jung）說，深入鑽探無意識，就會與被稱為原型無意識的有深度的思維相連繫。榮格挖掘神話、傳說、宗教等，追蹤集體無意識內共同內在的原型無意識形象，是一項可以與佛教的曼陀羅所蘊含的宇宙的最終本質和形象交集的工作。

　　在無意識的深淵中，生命為了活下去，肢體動作與和音活躍地移動，讓人領悟到其生命力和活力是構成世界的

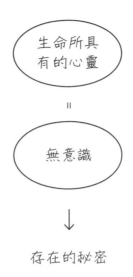

生命所具
有的心靈

＝

無意識

↓

存在的秘密

根本原理，這就是深度之心。內心深處的最底端是什麼呢？把我們複雜微妙的心像剝洋蔥一樣一片片剝開，就會遇到在其中哭泣的孩子。以惻隱之心看待即便有爭吵或紛爭，仍為了得到對方的認可而哭喊的孩子，這就是對內心深處的洞察。如何測量心的深度呢？若想用網路上常見的動物心理測驗是絕對得不到答案的，那等於是將不正常環境中的不正常行為方式視為一種真理的還原主義。

生命的心伴隨與周圍環境的一體感帶來寬廣的心。心靈根據與自然生態系統建立關係和配置的方式，會變得更廣闊、巨大、偉大。就像游牧民眺望巨大曠野的視角一樣，就像看著遙遠田野的山貓的心一樣，充滿挑戰和冒險精神的寬頻無意識是如何存在的呢？

大心靜靜地望著夕陽的瞬間，我感到窒息。因為看著

太陽的貓咪心中是太陽能棲息的地方，關係和配置、連接也都棲息在心靈中，就像在電視裡、夫妻的臥室、足球場這些空間裡棲息的無意識一樣。由此，可以想像得到生命的心是多麼偉大與令人驚奇，因為可以完全洞察和直觀所有寬廣的心。與寬頻的無意識相比，人類社會的心真是狹隘又膚淺。

在此也來談談生命的心具備的高度。在餵食流浪貓時，偶爾會發現有母貓帶著小貓，母貓會用全身力量來保護小貓，彷彿在說：「我死了也沒關係，但絕對不要碰我的孩子。」拼上性命地守護。在連自己的生命也一起奉獻的生命中，我發現了偉大的生命之心、高度的無意識，在那行動中蘊含著一個生命為了拯救其他生命的崇高之心。不是人類社會給予的定義或價值等單調的行為方式，而是用生命的心跳、體溫、呼吸引領的偉大行為，是用全身來創造生命持續的身體動作，從肉和皮膚、心臟、呼吸中產生的偉大。在談論崇高的心時，經常會遺漏生命的偉大，總是以人類的犧牲精神、人類社會建立的文明的偉大為主，但是生命和自然的崇高和偉大，比起任何一切都位居更崇高的領域。

關於大心牠心靈的深度、廣度和高度，我只了解一點點，要將「大心的想法」定義下來似乎是不可能的。看到大心靜靜地思考，我仍只是個對黑盒子懷著好奇心觀察的貓奴而已。大心不會告訴我們牠在思考什麼，但我並不討

厭沉浸在這個無解的問題中。今天的大心，也用橙色的眼睛凝視著研究室窗外的黃昏，而我也會望著大心，繼續好奇大心的心有多深、多高、多廣。

脆弱而強大的生命位置
·
邊緣效應

　　邊緣效應（edge effect）源自生態學概念，在山野、大海和陸地等周邊、邊緣的強烈度更高，是生命狙獵、適宜生成的地帶。比起探究自然和事物、生命的本質與理由，邊緣效應是更關注周圍和邊緣的啟動與形態的智慧方法論。在這堂課中，將來談談從被近代理性主義劃分的動物與人類之間的縫隙、空白、周邊所觀察到的故事。

達公喜歡在我書桌邊或水槽的拐角處徘徊，每當看達公坐在桌子或水槽的一角時，我們夫婦總是感到心驚膽顫。

　　「牠為什麼不坐進來一點，為什麼偏偏要坐在那麼小的角邊呢？」

　　我問妻子，妻子也不明白。喜歡邊緣的貓咪達公與我之間的空間裡總是留有空白，我認為從空白到這裡是我的位置，到那裡就是達公的位置，無法區分清楚。若依照西方的理性主義，雖然有方法可以完全分離貓與我的空間，讓我可以好好地做研究，但貓總是隱隱在我身旁棲息。特別是冬天，達公會像坐在暖炕墊上，穩穩妥妥地坐在筆電的鍵盤上，若我正好在寫重要文章會被達公嚇一跳，我說：「達公啊，不可以這樣。」叫牠走開，達公會起身轉一圈，然後又回到同一位置。實際上，這本書也是和貓咪進行無數拉鋸戰後才完成的，但我並不討厭在我周圍徘徊的達公，我的工作可以說是與達公合作完成的，這樣解釋別具意義。達公似乎在某種程度上掌握了我的寫作工作，隨著鍵盤的聲音，尾巴會輕輕搖擺，來回走動踩按鍵盤，

為內容增加分量，真是非常感謝牠。

有一次，我把研討會報告內容全部弄丟了，時間就快到了，在人們蜂擁而至之前，好不容易整理好準備重新列印時，不知道達公按了什麼，我的筆電無法啟動。我沒有訓斥達公，只是想著該如何解決。研討會開始，大家聚在一起，有人問：「報告整理好了嗎？」我結結巴巴地說：「因為筆電壞了，所以沒能完成。」雖然「都是因為貓咪達公」這種像告發一樣的話已經到了喉頭，但想想聽起來應該更像是窘迫的辯解，所以忍住沒有說出口。

後來發生了意料之外的事，就在我陷入困窘之際，只能先口頭整理內容，沒想到得到好評。我想，也許是達公給了我老虎般的勇氣。達公總是在我周圍晃來晃去、參與工作，但在那時覺得牠就像守護天使一樣，給我很大的力量。我有貓咪這個堅實的靠山，成為支撐心靈的力量。

在我研究或看書時、開會時，貓咪們總是自由來去，那就像是一種制動裝置，每當我對某事太投入，一股腦地向前飛奔時，貓咪們總是介入其中，讓我不得不先停下來觀察周邊。也許正因為如此，貓咪達公的妨礙工作並不令人討厭，因為貓總是在近身之處是我的工作動機，也是要達到的目標，那就是創造生命平和的世界。因此，我沒有明確區分我的工作和達公，達公介入我的工作，即使弄亂了我也能維持平常心，即使偶爾打翻水杯或把筆記本弄得亂七八糟，我會像修道之人一樣淡然看待。因為達公做的

事情和我所做的事情一樣，界限模糊，達公闖禍和我內心的孩子、生命、少數族群展開的混亂沒有什麼不同，沒有必要發火或訓斥。達公在幾次失誤之後，也像什麼事都沒有發生一樣，在我腿上安然入眠，結束騷亂。

邊緣效應，非區別和識別的流向

如果貓和我之間有明確的區分，那這世界會變得多麼冷漠和僵硬呢？達公只是和我無關的貓，我也不會對達公產生任何影響，但是現實中的貓和我之間隱藏著豐富多彩的事件，滲透著愛、慾望和關懷的流動。達公和我的邊緣，總是發生不同的事件，每當達公出事時，身為貓奴的我責任就會加重。例如每當達公翻倒桌子上的水杯時，我就要馬上拿抹布擦；如果達公撕掉筆記本，我就得拿透明膠帶重新組合貼起來；如果達公在貓砂盆外上廁所，除了清理乾淨，我還會特別留意達公。隨著達公的一舉一動，我盡到貓奴的作用，表達對達公的愛意。收拾或擦拭，只是伴隨達公表演的附加動作，我不討厭，也不覺得麻煩。

明確區分 A 和 B 被稱為理性主義。在「這個是這個，那個是那個」的理性主義論證中，「這個也可能是那個」式的邏輯看起來像是詭辯。但是如果堅持這樣的邏輯，在達公和我之間的邊緣領域，就會出現既是達公又是我，或既是我又是達公的不可識別的流域。那可能是成為貓的過程。我可能是貓，貓可能是我，開啟了潮流的新紀元。就

像「莊周夢蝶」中到底「我是蝴蝶，亦或蝴蝶是我？」的提問，「物我一體」在貓與我之間展開。雖然可以認為這是根據「換位思考」的理論，我站在貓的立場上，但我認為成為貓的地位遠遠超越換位思考的領域。在這個過程中，在貓與我之間的邊緣配置中出現變得炙熱、跳舞、唱歌、發言的主體，無法看到我們身邊、邊緣、周圍的愛和慾望，又如何能了解愛和慾望呢？

我認為愛和慾望不是在正中央體現本質，而是在周圍、身邊、邊緣貫通潮流的行為。不是口頭保證說「我愛你」，而是珍惜、照顧、整頓、整理那個人的周圍，這樣的行為方式才是愛。想了解一個人，就要看他的周圍，他的愛和慾望必然占據在周圍的某個位置。更何況貓與我之間並不是彼此的本質的相遇，也不是功能與功能、作用與作用的相遇，是我的大陸和貓的大陸在接觸界面相遇，形成山、高原，在巨大的地平共存。因此，我從在我周圍的貓那裡，感受到生活的意志、想行動的慾望、以及對某人的愛。

因此，邊緣是事件的地平、強度的地平。生態學有邊緣效應的概念，根據其概念，山和田野、大海和陸地、森林和平原、沙漠和草原之間的邊緣最強烈，是生命蓬勃昌盛的良好環境。例如，在大海和陸地交會處有潮汐，漲潮與退潮反覆出現強烈移動，在這區域中就有生命萌芽、湧現。我們在舉行任何活動或會議時，比起坐在中央的人，

更應該關注坐在邊緣的人。坐在門旁、會場周邊的人，才是處於能產生獨特想法的最佳環境。每當研究室舉行研討會時，我都會密切注意貓在桌子周圍的動向，經常觀察貓咪們是否受傷、打架、躲藏、哭泣，留意牠們的一舉一動。偶爾發現其中一隻喵喵叫，我會仔細思考牠叫的原因，因為貓咪的叫聲是「我有話想說」的明確表現。

如果用另一種說法解釋邊緣效應，我認為是在文明邊緣的貓發出的信息。動物是我們社會最末端的弱勢，因此，讓貓能幸福的世界就是孩子、殘障人士、少數族群等也能幸福的世界；如果處於邊緣的生命——貓咪在吶喊和悲傷，那就是文明的危機，因為動物生命不能好好生活的環境，人類也無法好好生活。因此，在研討會上看到貓走來走去，就會在強度最高的邊緣，感覺到與生命同在。貓不會根據自己的利益或理解行動，也不會根據貪慾行動。在邊緣徘徊的生命就像無言的舞姿一樣，只根據相互關係的強烈程度做出反應，並伴隨著感覺和情感、活力和生命能量的流動。

邊緣狀況論證

生命倫理學家彼得・辛格透過「類人猿計畫」，從擁有接近人類智慧，特別是擁有 6 歲兒童智慧的類人猿開始，杜絕動物實驗。這是對生命倫理學和生態哲學引起風波和爭論的邊緣狀況的論證。邊緣狀況論證是對人類和動

物的界限無法明確區分的論證，例如若以智商為衡量標準，那麼擁有 6 歲兒童智慧的類人猿和人類之間就無法明確地區分。

除此之外，還有很多領域也不適用西方理性主義的區分邏輯，在我們生活的大部分領域裡，都無法明確區分。舉例來説，如果有人植牙過，或裝了義肢，那麼到哪裡才是這個人呢？對於拄著拐杖或者坐著輪椅的人來説，可以稱得上是他的身體的領域範圍有多大？受到家人或社會的影響而形成自我的人，到底本我在哪裡呢？西方的理性主義主張自然和生命明確區分，因此根據「知識論」或區別存在的「存在論」、區別論證的「邏輯學」的構圖，提出了近代責任主體的合理性和正當性、理性的優勢，但是這種西方的理性主義事實上隨著人類和動物邊界上的類人猿的存在而動搖。

證明邊緣狀況論證的事例之一就是病毒，病毒與細菌不同，沒有新陳代謝活動，因此很難斷言是生命，但具有通過自我複製增殖的生命屬性，因此，對於病毒是生命還是非生物一直爭論不休。科學研究結果顯示，病毒只擁有信息值，在增殖後移植到生命中，就會透過改變其生命基因來告知自己的存在。那麼，病毒就像在邊緣狀況論證中一樣，是處於非生物和生命中間地帶的存在。從試圖明確區分邊緣這一點來看，關於病毒是生命還是非生物的爭論只能説是無解的謎。

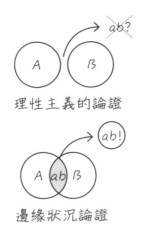

理性主義的論證

邊緣狀況論證

　　邊緣狀況論證在追求合理論證的哲學中是一個風波。明確區分 A 和 B 是理性主義的思維方式，但 A 和 B 之間的 AB 領域卻出現了，這也顯示區別、區分、識別的邏輯是多麼脆弱。在 A 和 B 之間，不是 A 也不是 B，而是 AB，即產生了主體間性。主體間性是統稱為「我、你、他」的責任主體或自我脫離個人的主體性，不同的學者對主體間性有不同的稱呼，像詮釋學者伽達默爾（Hans-Georg Gadamer）稱其為相互主觀性，全南大學的金相奉教授則以相互主體性稱之。

　　如果要問什麼是主體性，只能說有可能是你，也有可能是我。在共同體內歡笑的時候，從誰開始的並不重要，那只是根據慾望和情感所具有的強度、密度、溫度、速度，讓笑容病毒蔓延開來，讓彼此不分你我都開懷大笑。更何況在生命和自然融合的共同體中，主體間性的形態跨

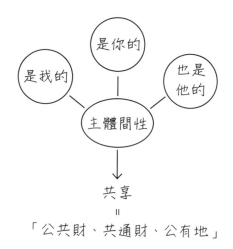

越了人類以及非人類的領域，就像達公在會議桌上進行表演時，所有人都會爆出笑聲一樣。

西方的理性主義世界觀，透過學院發展對於責任主體的思維，徹底封鎖了像主體間性一樣與人類、動物、自然、微生物、機器等共存現象的發生。因此，以西方理性主義為基礎的知識論、存在論、邏輯學等，只不過是展開反生命想法的工具性理性的理論手段而已。

邊緣狀況論證提出脫離你的、我的所有權的「公共財」（commons），也被稱為共通財、公有財，也就是共同所有，在共同規約中管理的財物，既不是你的也不是我的，但能給你我帶來便利和豐饒的財物。有什麼是屬於公共財呢？例如水、空氣、森林、河流、濕地、開源軟體等。而共同體就像邊緣狀況論證一樣，以無法明確識別個

人所有權的公共財為基礎發展至今。公共財不是任何人可以隨意使用和污染，必須依據共同體的自主管理和管控，但是市場不斷試圖掠奪、開採、提取公共財，而無法將屬於共同體的「共有」與國家的共有區分的國家社會主義邏輯和國家萬能主義也是一大問題。市場萬能主義和國家萬能主義都屬於理性主義，以理性主義中心方向設計的現存文明產物，如今，這兩者都已經面臨到理性主義關係網絡中所沒有的制度極限，為了擺脫，公共財再次成為焦點。

我和妻子曾討論過將我們的研究室與參加研討會的所有人共享，但妻子擔心若成為共享空間，貓咪們的配置會變得很模糊，最後決定研究室仍保持原樣，只屬於我們夫妻的工作室。在幾次貓咪逃出事件中，我們都體會到在共享空間內如何照顧和對貓咪負責的難處。

貓不屬於任何人，也絕不是我們夫妻的私人所有物，但是我們會擔心貓咪的安危，因為我們視貓咪為家庭共同體的成員之一，才會因此產生責任感。在這種前提之下，我積極贊成寵物登記制，雖然會有稅金問題，但我認為作為對動物的責任和關懷，寵物應該成為家庭成員之一。但現在很明顯那些生命位處在被符號化制度的邊緣，雖說應該在制度內被保護，但是超越制度的生命的野性存在一事也是事實。

棲息在身邊、周圍、邊緣的那些生命

我對達公羞怯的性格感到可惜。研討會時躲在小桌子後面哼哼唧唧的；放著輕鬆便捷的路不走，偏要選不好走的路，像要特技一樣讓人看了膽顫心驚；不坐桌子中間，總是坐在不舒服的邊緣或角落，那樣子看了覺得很可憐。雖然希望牠能果敢地站出來表達「我想要這個」、「我是達公」，但牠總是以邊緣的存在來確認自己。

達公在舞臺上並不突出，就像在才藝表演大會上磨磨蹭蹭、扭扭捏捏、坐立不安，如果人們的視線集中在牠身上，就會驚慌失措，然後趕緊躲起來。我覺得牠的那個模樣是我所擁有的模樣之一。總是站在邊緣的達公，在我心裡其實是處於正中央的位置。對一直處於邊緣的存在，會更加珍貴、憐惜，燃起惻隱之心，在心中更深刻地占據一席之地，這似乎是人之常情。那是無法用明確的話語或行動來展現自己的少數族群、生命、以及孩子們的模樣，所以才會讓人更傾注關懷和愛。

達公從剛才開始就一直對新買回來的木天蓼棍很有興趣，可能是被那種味道吸引，時而跟蹤、時而抱著、時而小跑步，掩飾不住興奮之情。達公在邊緣發出開心的聲音告訴我們，邊緣是最具強度的地方。我在心中畫了地圖，我想或許我也在達公的邊緣某處。希望一直存在於邊緣的貓咪達公能健康地，好好過生活。

書寫人生新歷史的瞬間

·

創建反記憶

　　反記憶的生成不是指記憶和意義中線型歷史的行動，而是指意外事件製造的反歷史行為方式，特別是女性的歷史、動物的歷史、少數族群的歷史，以生成反記憶來表現。例如雖然迴歸原點，肉眼看不到的生活時間不能用歷史來表現，但很明顯，這是為了拯救生命而採取的行為方式。在這堂課中，反記憶的生成將運用在開啟走向生命日常與眾不同的時間和事件上。

MOMO 是一隻挑剔的貓，除了妻子，牠誰也不信賴，也不會輕易接近別人，甚至連對我也保持距離，只有在心情很好的時候，才會悄悄靠近我，好像跟我原本就很熟似的，平時只是把我當作「清理貓砂盆的貓奴」。當然對陌生人的反應更強烈，如果發現有其他人進入我們的研究室，MOMO 會很害怕，然後跑到角落躲藏起來，甚至有一次還因為陌生人來訪，一整天都躲在妻子的桌子底下沒有出來。MOMO 還是孩子的時候很喜歡撒嬌，但自從做了絕育手術後，就變成了零社交的傢伙。

　　小時候的 MOMO 經常來到陌生人聚集的研討室宣洩好奇心，牠會在桌子底下轉來轉去，聞著人們的腳臭味，偶爾有人帶的包包上有帶子，牠就會在旁邊玩得不亦樂乎。當然，爬到腿上趴著是只有妻子才擁有的榮耀。然而有一天，MOMO 突然爬上一位來開研討會成員的腿上，那個人雖然喜歡貓，但是因為小孩會過敏而無法養貓，因此特別關心我們研究室的貓。在 MOMO 生病的那段時間，他也常給予關心，之後每次見面都會溫柔地打招呼。不知 MOMO 是不是還記得，在確認了他的氣味和長相後，就跳

到他的腿上，然後趴著睡著了。那個成員帶著感動的表情安靜地感受 MOMO 的體重和體溫。

　　但是後來 MOMO 迎來了可惡的青春期，性格變得害羞的 MOMO 成為在人們面前不露臉的內向貓。那個成員有時會口帶遺憾地說：「MOMO 今天也一直待在房間裡啊。」而隨著時間過去，MOMO 的體重也增加到幾乎超重的程度。

　　那個成員隔了一段時間後又再度來參加研討會，那天他小心翼翼地問能不能看看 MOMO。我輕輕打開 MOMO 房間的門，MOMO 反射性地從沙發上跳起來，這時，他小聲地喊：「MOMO！」MOMO 立刻往裡頭跑，然後突然停下腳步，轉過身仔細看著他。過了一會兒，MOMO 朝他走近了一、兩步，他伸出手，MOMO 就把鼻子貼在他指尖上聞氣味。雖然後來沒有再靠近，但是 MOMO 看來已經解除警戒心了，MOMO 看著他的眼神隱隱晃動。他笑咪咪地說：「MOMO 過得很好啊，胖了很多啊。」那一瞬間像被施了魔法一樣。

　　MOMO 的記憶力不僅涉及積極的部分，還涉及負面領域。我的母親偶爾會來到研究室，每次母親來時，MOMO 就會整天躲在書桌後面瑟瑟發抖，不知為什麼看起來很恐懼，連母親都感到委屈：「牠為什麼這樣？我又沒說什麼，也沒踩到牠的尾巴啊！」MOMO 似乎會透過聲音和氣味、語氣、氛圍來判斷情況對自己有利還是有害，但是這

個判斷純粹是隨機的。除了一點例外，牠若聽到粗獷的男性聲音，會記住那個人，而且絕對不會走出房間。相較之下，牠比較偏好細膩、沉穩的女性聲音，但儘管如此，牠對母親的態度還是令人不解。我在被大心選為貓奴之前，理所當然地認為是人類選擇貓，這種固定觀念之所以被打破，是因為後來才知道有許多前輩的例子，都是由貓選擇人類，然後才進入家庭之中。奇妙的是，貓會用自己的直覺和感覺，準確地記住每一個人。

有一次因為家裡比較忙，有兩天左右沒能去研究室，時隔許久再到研究室，一打開門，小貓 MOMO 可能不記得了，一下子就躲到角落，這時妻子平靜地走過去說：「MOMO，是我。」牠隨即放鬆了警惕的眼神，走近妻子並用頭蹭了蹭。貓咪們究竟有什麼樣的記憶力呢？

貓的長期記憶與短期記憶

貓咪的生活以短期記憶為主，並以特有的空間演繹能力表現出來。如果對自己居住的地方有了長期記憶，那麼對自己的空間就會變得熟悉，而感覺非常狹小。長期記憶是引導語義化的敘事性記憶，這就像在校長室牆上以線型排列的歷代校長照片一樣，追求體現某種持續且連續的歷史意義，也就是對特定場所定義為「○○是○○」，並賦予歷史性、敘事性的故事結構。但對貓來說，牠們沒有感受這種歷史意義的能力。

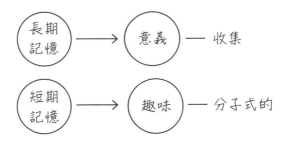

不過貓咪們具有每次都重新審視自己空間的能力。短期記憶不是以連續或持續來定義的，而是指總是出現且生成短暫的事件。在網絡上流通的記憶方式，大部分在以短期記憶為中心的領域。

德勒茲和伽塔利在《千高原》的＜根莖＞篇中，描述對長期記憶和短期記憶的想法。長期記憶是「意義」，短期記憶是「趣味」，很容易理解。長期記憶是有意義和有價值的事，例如勞動的痕跡。要有意義才能產生價值，就以此來指定任務。意義和工作呈現出集中於一個模式並收斂的特徵。相反的，短期記憶屬於趣味和遊戲，有趣的遊戲可以說是忘卻的同義詞。

如果在這當中加上意義的話，趣味就會直線下降，遊戲的方式遵循各種模式。如果讓 2 ～ 6 歲的兒童玩模仿大象鼻子的遊戲，很快就會變換成醫院遊戲、火車遊戲、隧道遊戲等模式。遊戲的屬性，是孩子們常常實行各種模式的同時，又橫貫改變遊戲型態。從這個脈絡來看，德勒茲

和伽塔利將意義和工作模式定為莫耳（molar），將趣味和遊戲模式視為分子（molecular）。化學中莫耳是質量的最小單位，分子是屬性的最小單位；莫耳較容易識別、凝固，而分子雖然具有屬性，卻柔軟、流動性強。當然，在短期記憶中有長期記憶，長期記憶中有短期記憶，從這一點來看，相互補充和依賴的程度也不少。就像經過長時間的勞動後，與同事們共度的休息時間；在盡情玩樂之後，渴望找到一天的意義一樣。

貓不知道什麼是意義、什麼是工作，我們無法讓貓勞動或記帳、上歷史課，貓咪的生活只是玩耍、奔跑、製造各種混亂而已。因為擁有短期記憶，所以可以經常穿梭在各種遊戲模式之間；剛才掉落的小繩子成為獵物，在任意堆疊的布團上踩踏，周圍環境時時刻刻都在變化，成為新的狩獵場。貓有能力重新演繹自己所處狹窄的空間，對於貓咪來說，自己的房間或家，是醫院、遊樂場、狩獵場、兵營、運動場等多種模式的生成和消失的空間，所以貓即使在狹窄的地方也能適應生活。當然，在不能玩的空間裡，貓也會感到無聊、厭倦，產生想出去玩的動機，在這種情況下，貓奴們就必須站出來，最大限度地提高空間演繹的能力。

MOMO 是天生的遊戲高手，不過奇妙的是，妻子的存在對牠似乎有著重要的意義，想來小時候無數的短期記憶，可以成為長期記憶的關鍵。但與其說是因為外部賦予

的意義和價值讓牠集中於某種模式，不如看作是由無數短期記憶的反覆創造出的長期記憶。今天 MOMO 也在妻子的懷裡沉沉睡去，希望 MOMO 對妻子的長期記憶能夠持續，把妻子當成媽媽的 MOMO，將自己的短期記憶像線團一樣捆在一起，似乎形成對母親持續、一貫的愛的流動。

反記憶生成的瞬間，事件的瞬間

除了短期記憶或長期記憶外，還可以討論的是反記憶的生成。意料之外，在記憶裡不存在的事件生成的瞬間，就是反記憶生成。意外的突發情況，或是在非常偶然、完全沒有預想到的瞬間，成為事件而存在。對於 MOMO 來說，這樣的瞬間真的很多，例如妻子輕輕地摸著肚子幫助腸胃蠕動的那一個多月、積滿糞便的大腸壓迫到中樞神經而尿失禁的時期、吃了南瓜逐漸痊癒後開心玩耍的日子等。特別是聽到獸醫說南瓜或許會有幫助的那一刻，成為非常重要的事件。在此之前，在我們夫婦記憶中不具意義的南瓜，因為 MOMO 而擁有了與眾不同的意義，讓我們展開不同以往的行動。

在一生中反記憶生成的瞬間並非常有，但一旦生成會讓原本的生活動搖，改變生活的軌跡，是開啟完全不同人生的契機。MOMO 出現在研究室大樓前，又瘦又小、滿眼眼屎大聲嚎哭的那一瞬間，把我們夫妻的生活牽引到完全不同的方向。在那迫切的瞬間，我們夫婦接收到「要救活

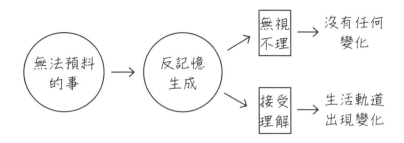

牠、要救活牠」的強烈信息，我們的生活在瞬間發生了變化。一直以來過著平靜生活、讀書研究的我們，迎來了意想不到的瞬間。重要的是，當反記憶生成的瞬間到來之際，應該將其完全視為改變和實踐自己生活的事件，不能因為是異質性的、與眾不同的就視而不見置之不理，必須直視並面對，才能使自己的生活變得更具深遠的意義。遇到 MOMO 後，我們的生活與以前截然不同，因為我們從 MOMO 身上得到完全重生的人生。

超越歷史主義，走向生命、生活

以人類創造電視劇的視角來看歷史就是歷史主義，認為歷史就像用人類喜怒哀樂的意義和價值創造的一部龐大的電視劇。但是今日人類的歷史卻與地球的生命和自然的毀滅連接在一起，如果說因為溫暖的氣候，讓人類和自然、生命共存，文明綻放的地球是「全新世」

（holocene），那麼當人類文明因成長和進步而失控，導致劇烈氣候危機的時期就是「人類世」（anthropocene）。人類與自然和生命共存的漫長時間，在經歷幾百年的產業文明發展後，瞬間被破壞。以人類歷史為中心思考的歷史主義，正走向毀滅。

因此各方都在提出轉換社會的新局面，首先，從人類中心主義過渡到生命中心主義就是一例。生命中心主義的「生命」包括人類和其他生物，對於無條件地將人類視為如瘤一般的存在，或像是附著在地球上的跳蚤那樣思維的生態法西斯主義，我們也必須警戒。現在正是從由人類的傲慢和自滿創造出來的肉食文明、汽車文明、石化文明、核子文明朝向轉換社會的出發點。其他生命能夠生存的社會環境，才是對人類最好的生活環境，因此，現在應該駁回以人為本的世界觀和歷史觀。或許有人會認為只有人類才能創造歷史，但是要記住自然環境、生態、其他生命、微生物、事物、機器等，實際上都對人類歷史產生很大的影響。西方歷史中微生物對人類的影響就是最好的例子，從 16 世紀襲捲中南美大陸的天花，到覆蓋歐洲的黑死病，都為人類帶來莫大衝擊。

在人類和生命共存的歷史中，還有一個不可或缺的部分，就是與寵物一起生活的人類歷史。與其他生命共生的價值從未如此綻放。乘著生命的長河，不只被生命的種種驚奇現狀感動，在生活為拯救生命進行的各種實踐也是必

要的，貓奴們作為動物代理人，必須明確正視自己的位置和配置。為了流浪動物在巷弄間徘徊到深夜的愛媽、愛爸，因為見到很多殘酷的場面，所以有些人開始吃素、建立動物保護所、設立保護動物團體推廣與生命共存的理念。在地球各個角落的貓咪遭遇的現實讓我們開始關注生命、生活，這也代表了人類與非人類共存、和諧的歷史正展開。

貓咪，瞬間即是永遠

「如果 MOMO 再發生那樣的事情怎麼辦？」一想到這些就覺得茫然。我們知道，和 MOMO 在一起的時間是有限的。哲學認為無限性的時間就是差異的時間，永恆性的時間就是反覆的時間，但是我從 MOMO 身上感受到的雖然是反覆，但卻總在剎那之間刻印下永恆。MOMO 吃飯的時間、玩耍的時間、睡覺的時間，牠每個反覆的瞬間都像永恆的約定一樣。那是生命的時間，是任何權力和資本都無法收回的尊嚴和敬畏的時間。

妻子愣愣地看著 MOMO 走到面前，用前腳抓著椅腳伸展的樣子，說希望這一瞬間能永遠持續下去。MOMO 用充滿好奇的表情看著妻子，彷彿心裡有話要說。

MOMO 想對妻子說什麼呢？難道是要把擁有生命和自然反記憶生成瞬間的祕密鑰匙交給她嗎？

　　長期處於痛苦中的 MOMO 現在成了妻子懷中的孩子，正慢慢入睡。MOMO 痛苦的記憶消失在遺忘的另一端，只朝向生成的時間、反記憶的時間、創造的時間前進。這個午後，這小小的生命拋出了特別的約定，而妻子還是說著這幾年來同樣的願望：

　　「好好睡，MOMO。」

　　雖然反記憶生成並不一定會來到我們面前，但在周圍可能已經透過其他生命接觸到了。例如愛媽們仔細地傾聽流浪貓的聲音，勇敢地為這些生命做點什麼。我們周圍有很多人站出來，哪怕只是一個不起眼的小生命也要救活。他們在路上橫貫，或許他們是正在創造反記憶生成瞬間的人。他們已經與生命的時間，永恆的時間有了連結，所以我喜歡稱他們為「把瞬間過得像永恆的人」。

向著解放和自由的美麗出走

•

慾望

　　慾望（desire）不是位於貪慾和渴望的中間座標上，而是我們內在的生命和自然的能力與活力。如果自然的第一次慾望被壓抑，那麼折射、變形的第二次慾望就會產生，而形成慾望壓迫的自虐主義（masochism），也就是法西斯主義。慾望解放是生命和自然的解放，也是情感和生活、關懷成為世界最根本價值的泉源。慾望解放運動是從六八革命⁹開始，到目前都仍在進行。在這堂課中，我想透過將動物視為慾望的存在，慾望解放同時也是動物的解放。

---

⑨又稱「五月風暴」。最初是 1968 年春夏之交在法國發生的學生運動，進而擴大為總罷工、遊行、占領大學及工廠的行動，導致法國經濟發展停滯。五月風暴的餘波至今仍影響著法國社會，它本身也被視作法國歷史的文化、社會及道德上的轉折點。

「達公逃跑了，快來！」

動物醫院獸醫的聲音很急促。當時我們把達公送到醫院進行絕育手術，趁等候的空檔到旁邊的中餐館吃炸醬麵，接到獸醫通知，我連忙扔下筷子跑去醫院。從手術台上逃脫的達公窩在角落吶喊，因為塊頭大、力氣大，連獸醫都很難處理。我一進手術室，小傢伙認出來是我，才好不容易地露出高興又夾雜著各種訴苦和恐懼的表情。我用眼神安撫達公，然後迅速用毛巾蓋住了牠的頭，醫師立刻將麻醉藥注入達公的肩膀，小傢伙的大身體慢慢沒了力氣，這才躺了下來。看著這個過程，我又是心疼又是抱歉。不過奇怪的是做完絕育手術後，達公似乎更努力討好我。我問妻子：

「難道是因為做了絕育手術而感到自卑嗎？」

但是對於總是樂觀積極的達公來說，我並不是讓牠自卑的對象，應該比較像是在遇到艱難情況時的巨大力量。

絕育手術是人類社會和貓共存和協調的一種過渡儀式。生命繁殖物種的生殖慾望是自然的，但這並不能左右生活。雖然不是無法理解牠們的慾望，但是生殖的後果對

貓奴來說是很大的困難，絕育手術是不得已的選擇。

　　另外，如果貓因為生殖需求而離家出走，那就是讓自己陷入惡劣的現實中。曾聽過一個自稱生態主義者的人說，讓寵物接受絕育手術是削去自然慾望的人為行為，因此持反對意見。但我不認同，我認為那就像身體會自然長出毛髮一樣的自然觀點，但是為了人與生命的共存和協調，形成一種社會制度反而更具生態性。我不記得那個人後來是如何反應，只感覺他的氣勢沒那麼強了。

　　繼達公之後，MOMO 進入了研究室。MOMO 的病告一段落後，出現了新的問題，因為 MOMO 的症狀本來就很嚴重，所以當時什麼也沒多想，一切以先救活小生命為重，所以醫院當時注射了大量類固醇藥物，導致 MOMO 很早就發情了。發情後 MOMO 開始用奇怪的聲音嚎叫，活動量也大幅增加，特別是 MOMO 會一直跟著大心，時不時會想咬大心的後脖頸。我查了一下資料，那是一種求愛行為。雖然可以理解 MOMO 的心情，但如果繼續這樣下去，研究室的和平會被打破，因此趕緊與醫生聯繫進行絕育手術。幸運的是，手術順利結束，問題就此告一段落。

　　我們夫婦原本只是單純餵食研究室附近的流浪貓，後來才知道為了不讓流浪貓無限繁殖，還需要一起做絕育手術。但我們不知道如何使用誘捕籠，對絕育手術的程序也不清楚，直到與研究室附近的愛媽聊過，才了解進行的方法。愛媽告訴我們，捕獲流浪貓後進行絕育手術，手術完

成後還要負責安置，讓流浪貓休養恢復後，再原放回牠原本棲息的地方。在絕育手術後的十天，將流浪貓安置在家中進行臨時照護，預防傷口感染或疾病也是愛媽的任務。研究室附近的藝術家愛媽，已經為附近區域的十來隻流浪貓進行絕育手術，她說今後只要條件允許，她還會繼續進行。聽著她的故事讓我不自覺感到羞愧，我以為餵食流浪貓就是盡到一定程度的責任了，沒想到所謂的責任還包括絕育手術和後續的照護、原放及管理，讓我領悟到我們根本不及愛媽、愛爸們做的，充其量只是貓奴而已。

非二元性別（genderqueer）[10]貓咪，大心

大心有著圍繞性別爭議的神祕歷史。話說大心初進入我們研究室時約莫 5 歲，我們都理所當然認為牠是母貓，因此在 8 年後被稱為「貓奶奶」，再加上看到被公貓 MOMO 咬後脖頸的樣子，所以我們從來就沒有懷疑。特別是大心微微轉身坐著的背影，和去世的祖母穿韓服的樣子很像。而且牠總是徹底進行自我管理，保持得乾乾淨淨，還有聆聽古典音樂搖擺尾巴的樣子，不折不扣就是雌性動物。

然而有一天，一位初訪研究室的貓奴朋友看到大心就說牠是公的。我們從未懷疑過大心的性別，想說那個朋友

⑩非二元性別，男性／女性這一現有的二分法性別無法分類的性別認同感。

應該只是隨便臆測。我回想起還在研究室周圍流浪時期的大心，但不管怎麼想仍覺得大心是母的。

然而不知從何時起，研究室開始流傳著「大心是雄性說」的傳聞，追蹤傳聞的起源，原來是妻子拿又春和大心相比。雖然大心與公貓達公和 MOMO 明顯不同，但仔細觀察，似乎與母貓又春也不太一樣。我們夫婦陷入了混亂之中，因為 8 年來一直認為大心是母貓，一起生活，很難一下子打破固有的想法。而能夠準確判別性別的關鍵，就是經常到研究室的獸醫，獸醫師觀察過後篤定地說：「是雄性動物。不知道為什麼搞錯了。」不過他又補充，若是做了絕育手術的貓，是雄性還是雌性也就沒有意義。

就這樣，關於大心的性別之謎告一段落，但隨之而來的問題是很難改變「大心是姐姐」這個一直以來的稱呼，因此我們決定把大心定位為「非二元性別」（genderqueer）。大心既不是雄性也不是雌性，是無法按照現有的性別二分法分類的存在。我覺得這個觀點適用於所有做過絕育手術的貓咪，結紮後的貓咪同時具有雌性和雄性。

為此我思考過去一直認定大心是母貓一事，並反省自己用固定觀念看待生命的態度，同時領悟到我將性別觀點套入傳統觀念中，讓我的想法產生很大的偏見。

對於絕育手術是否違背了貓的自然慾望的爭論，也重新進行思考。我覺得為了貓與人類和平共存，這並非是唯

一最好的方法，應該還有第二種選擇。但由此來看，只有得到人類照顧才能活下去的貓咪，和想留下遺傳基因的性慾之間就像驚險的走鋼絲，我認為絕育手術還是應該存在。

慾望的提問構成我們的人生

我們一提到慾望，就會想起貪慾和渴望愛，或是追求扭曲的名譽和物慾等。

慾望（desire）這個字源自拉丁文「自星星（sire）而來（de）」的意思，一言以蔽之，就是指奇特、特別的東西。慾望是我們身體內的活力和生命能量，並非貪婪的和填不滿的渴望。如果產生慾望，我們會對自己提出根本性的問題：「我想要什麼？」慾望的提問，是擺脫自己不想做的事的原動力。只有將生活的提問、慾望的提問完全構成自己的人生原理時，才能感受到幸福和生活的樂趣。

貓咪不忍耐，只是有慾望而已，所以這種慾望是非常珍貴和美麗的。人類必須關懷和尊重貓的慾望，如果忽視貓的習性和慾望，就失去了作為貓奴的本分。同時，貓奴應該成為慾望的微觀政治家，因為必須透過調節和重新配置貓的慾望，建立符合其慾望的周邊環境關係網絡。例如大心極度討厭被又春和MOMO追逐，所以有迴避的慾望，身為貓奴的我，就利用設置貓跳台或重新配置家具來解決大心的慾望。

+ 從某處分離出來的 ⟶ 慾望（desire）
　　　　　　　（de）

星（sire）

　　身為貓慾望的微觀政治家，我們忠實地履行本分。如果只偏愛某隻貓或總是給予某隻貓優先權，其他貓咪會表達不滿或引發爭吵。給貓零食、玩遊戲時都要考慮順序的公平性。例如 MOMO 獨占妻子的愛，達公就會嫉妒MOMO，這時我就必須出面，讓達公坐在我的腿上，撫摸牠、安撫牠，以順利平息可能引發的事態。

　　有人認為既然生命是慾望的存在，那麼就是不如具有理性的人類的存在。然而生命具有透過慾望構成、表現、編織自己人生的能力，反而是人類以理性之名壓抑慾望，最終將走向「期待被控制」的法西斯主義。在生命形成的關係網絡，也就是生態界中，經常可以觀察到慾望自然流動和展開的各種形態。仔細觀察我們的慾望，會感覺到最終通往生命平和世界的捷徑就在那裡。人類想探索與生命共存並和諧的方法，對於我們內心的生命和自然屬性的慾望來說，是非常自然的事。

一次元慾望與二次元慾望

我們研究室的貓糧是用自動餵食器供應，剛開始想過要不要用定時定量的方式，但又覺得那樣會過度製造貓咪對食物的慾望，所以採誘導貓咪自行調節食量的方式。慾望具有越禁止會越膨脹、越大的特性。之前觀察到作為生命能量和活力的慾望被稱為自然的慾望，即一次元慾望。這種慾望越是流動和循環，就越充滿積極的活力和能量。如果某個位置產生了慾望，那將是一個很好的信號，因為代表產生了將那個位置打造成充滿活力、機智、幽默空間的能量。

但是如果限制一次元慾望，會發生什麼事情呢？假設讓習慣透過自動餵食器，想吃就吃的貓咪，強制改成定時定量餵食，那麼貓咪的體重或許會減少，但同時對食物的慾望會變得非常強烈，那麼過胖的可能性反而會增加。小時候經常受飢餓折磨的又春特別貪吃，但我是採自動餵食器供餐的貓奴，牠想吃隨時都可以吃，因此我便想利用遊戲幫助又春減肥，而非改採強制定時定量供餐的方式。令人欣慰的是，最近又春似乎了解到自己隨時都有東西吃，所以逐漸減少過量進食，體重也稍微下降了一些。

據奧地利社會心理學家威廉‧賴希（Wilhelm Reich）表示，如果一次元慾望被禁止或阻擋，就會變質為二次元慾望。二次元慾望是變態的、扭曲的、貪婪無比的慾望，資本主義的慾望大部分都屬於這種二次元慾望。

資本主義的二次元慾望很有可能會進一步變質為被奴役的慾望，自虐（masochism）就是其中之一。史賓諾沙就他的支持者，曾任荷蘭共和國大議長德維特（Johan de Witt）被群眾以殘忍私刑殺害一事提出了哲學命題：「為什麼人類想要被奴役呢？」讓人類自己想要被支配的慾望披著宗教的外衣、披著國家的外衣、披著資本的外衣，暗地裡滲透進入民主社會。

德勒茲和伽塔利在《反俄狄浦斯》（Anti-Oedipus）中指出，資本主義實際上已經不徹底地超越統稱為父權和資本的封建制要素，因此提出應該分裂性地加速民主主義。換句話說，他們認為資本主義中的權力和資本是封建制度的殘餘，如果不加速推進民主主義，將會很難對抗這種支配形式，最終，「壓迫慾望」的自虐主義變成了微觀法西斯主義，不斷蠶食民主社會成為陳舊不堪的奴役、支配的社會。

由此可以看出，包含生命和自然共存和和諧思想的生態民主主義，以與眾不同的解決方法出現在生命危機時代。生態法西斯主義（ecofascism）或生態權威主義在當下看似立即有效，但實際上在資本主義產業社會的邏輯中依然寸步難行，這種解決方法反而會衍生出更多的問題。想從引發問題的罪魁禍首，也就是資本主義中尋找解決方案只能說是「做賊的喊捉賊」。為了加速實踐民主主義，我們要做的就是關注生命、自然與我們共同建立的配置，

同時透過重新安排生命和自然的配置、自下而上的微觀政治，尋找生命危機時代的解決方法。

六八革命，慾望解放運動與貓咪

為了解放生命所具有的活力和能量，全世界年輕人走上街頭，引發一起重大事件，就是「六八革命」。被視為嬉皮、少數族群、生態主義者、藝術家、素食者、披頭族、工人、學生等的一群人，對壓抑自己慾望的體制，進行生命和自然的叛亂。他們舉著「為什麼要把我們限制在卑劣的時間裡」、「禁止限制！」、「不要勞動」、「不要再粉飾，體制已經腐爛了」等標語湧向街頭，是發揮了巨大的挑戰冒險精神和勇氣的示威。特別是六八革命是殘障人士、孩子、女性、少數族群首次走上街頭為自己發聲，那是生命的叛亂、自然的叛亂、孩子的叛亂、女性的叛亂。六八革命的火花至今仍未熄滅，在殘障人士的行動權抗爭和無障礙設施運動中、在孩子們主導的學運中、在為掙取女性權利的鬥爭中、在為動物解放和掙取動物權的鬥爭中，六八革命仍在持續。這就像永久革命（永久改良）的過程一樣，因為對生命和慾望的壓迫性文明仍然存在。

六八革命還在進行中，這意味著什麼呢？也許這代表貓奴們的吶喊已經在街上傳開了。以貓的名義搞政治怎麼樣？以貓的名義在街頭進行示威怎麼樣？六八革命證明這不是不可能的事。以生命的名義、以自然的名義、以少數

族群的名義，我們可以發言、跳舞、唱歌、喧鬧。六八革命仍在進行中，六八革命是未完成的革命，是我們應該發揮慾望、愛、情感而創造的革命。

不久前我去參加某人的葬禮，在現場和遺屬們談話，分享了故人生前的事蹟。當時有人這麼說：「他有一隻貓，在去世前一直掛念他的貓。」似乎很擔心自己死了貓該怎麼辦。回想起來，故人在世上最有意義的是他曾經是一個生命。走出靈堂，在路上偶然看到一隻流浪貓，突然想到，和貓一起生活可能是將我們生活進行生態性小革命的開始。在周圍漸漸地遇到許多把生活的意義和價值放在生命和自然中的人，那些人不會暴露自己。我覺得生命和自然的革命應該是安靜的革命、看不見的革命、改變自己的革命。

後記

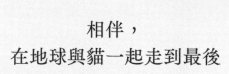

相伴，
在地球與貓一起走到最後

「我要搬家，可能有一段時間無法經常見面了。」

　　之前一位很好的朋友傳來這樣的消息，聽說他要搬到鄉下，當時有點擔心是不是發生了什麼事，但聽到他沉重的聲音，我也沒有辦法進一步細問理由。過了好幾年之後我才聽說，原來是和他一起生活了 16 年的貓咪去了彩虹橋，在最後那段時間，貓咪每隔 3 個小時就必須打 1 次針，所以得整晚設定好鬧鈴，和妻子輪流幫貓咪打針，但是經過那樣的努力，貓咪還是去了彩虹橋。他無法忘記貓咪，和他的妻子終日鬱鬱寡歡，生活也死氣沉沉，最後決定搬到遠方。我和妻子一邊喝茶一邊聊這件事，想到現在和四

隻貓一起生活的我們，將來不知能否承受那種狀況，心情感到非常沉重。

在地球上，貓這個存在能與我相遇是非常特別的事，作為有限存在的我和貓相遇後一起創造的配置，直到今天仍充滿了許多故事和事件。

獨眼貓又春今天也氣喘吁吁地只用一隻眼睛盯著逗貓棒，跟著妻子揮舞的節奏跳來跳去，似乎有點疲累了，又好像察覺到遊戲實際上是減肥訓練的事實。下午也如往常一樣趴在妻子兩腿之間一起午睡，醒來與 MOMO 結夥追逐大心。到了晚上，睏意襲來，在火爐前睡著了。

活潑可愛的貓咪 MOMO 一整天都跟著大心。妻子去睡午覺的時候，牠就理所當然似地躺在妻子身旁，在妻子的胳膊上使勁地踩踏。妻子寫作時，MOMO 就躺在她腿上沉睡。妻子和老么又春玩耍時，即使逗貓棒經過自己前面，牠也忍著讓給又春玩。昨天晚上舔著又春，抱著牠睡著，今天同樣也在又春身旁安坐。

路倒貓達公就像往常一樣，早晨就在我的腿上展開一天的活動。當我撫摸牠時，發出呼嚕聲回應，並在我的腿上認真地理毛。也許是心情好，下午又表演路倒讓我開心，然後在自己心愛的毯子上沉沉睡去。

充滿智慧的貓咪大心今天也聽著古典音樂，輕輕搖著尾巴打拍子，從與喜鵲通信息開始一天的日常。為了躲避 MOMO 和又春結夥追趕，在高處展開了驚險的縱走絕技。

下午，大心爬到研究室裡最高的位置入睡，聽到我的呼喚後，又跑過來埋進溫暖的被子裡，呼嚕呼嚕了半天，進入睡夢中。

當今的氣候危機對所有生命和人類很明顯是緊急狀態，因為周圍環境的巨大變化、棲息地被破壞、植被的異變、缺水、缺糧、自然災害、生物大量滅絕等都一一開始了，這種生命危機是我們自身存在的危機。同時，我也非常擔心以後的世界對於現在和我一起生活的貓咪來說，不知會變成什麼樣子。如果研究室的窗戶被颱風打破，貓咪們該怎麼辦？貓咪們如何忍受越來越酷熱的夏天？或是貨運大亂，飼料和貓砂無法送達該怎麼辦？大大小小的事都讓人擔心。生命和自然正在通過無數的信號告訴我們，地球正處於非常危急的狀態。

自然災害襲來，生物物種大量滅絕的事態成為新聞頭條。我認為與生命一起生活的貓奴應該率先行動，這也就是「引爆點」（tipping point）。現在正是發言、行動、實驗、實踐的決定性時刻。

貓咪這小小的生命，透過牠的存在、牠的位置、牠的配置，為自己請求創造一個可以生活的地方。貓咪可以幸福生活的世界，也是人類能幸福生活的世界，因為能尊重貓咪的生命力和活力的社會，是少數族群、女性、移民的權利和潛力能受到尊重的社會。

我是大心、達公、MOMO、又春這四隻貓的奴才，這

個事實讓我感到非常幸運。與四隻貓一起編織幸福，這樣的生活本身在我人生具有重大意義。在這四隻貓安居的研究室裡，我有強烈預感這個故事會被延續下去，實驗和實踐將會持續，生命和生活也將永遠持續。生命平和的未來會持續下去，因為對生命的愛、對貓咪的愛承諾了永恆，我認為這就是伴侶的真正意義。

感謝在這本書出版之前給予我很大幫助的流動出版劉正妍代表和趙賢珠組長。還有全南大學尹秀鍾老師，以及和平與生命動物醫院院長朴鍾武。還有文來洞的愛媽同時也是作家 Mull、太陽超市奶奶、Ride & Tide 的鄭洙、Piece of Peace 的千根成、Urban Art 的李昇赫等人。最重要的，是對精心護理和照顧生病的貓咪，讓牠們一一恢復健康，堪稱完美貓奴的妻子李允京，在此致上深深的感謝和愛。這本書獻給包括怪奇貓咪大心、達公、MOMO、又春在內的無數在惡劣環境下生活的無名流浪貓們。

參閱書籍列表

●

格雷戈里·貝特森（Gregory Bateson），《邁向心靈的生態學》（Steps to an ecology of mind）

琳·馬古利斯（Lynn Margulis）、多里昂·薩根（Dorion Sagan），《生命是什麼？》（What Is Life?）

馬丁·海德格爾（Martin Heidegger），《存在與時間》（Sein und Zeit）

麥克斯·霍克海默（Max Horkheimer），《工具理性批判》（Zur Kritik der instrumentellen Vernunft）

米歇爾·傅柯（Michel Foucault），《性史》（Histoire de la sexualité）第三卷《自我的關懷》（Le Souci de soi）

巴魯赫·史賓諾沙（Benedictus de Spinoza），《倫理學》（Ethica Ordine Geometrico Demonstrata）

布魯諾·拉圖爾（Bruno Latour），《我們從未現代過》（Nous n'avons jamais été modernes）

威廉·賴希（Wilhelm Reich），《法西斯主義大眾心理學》（The Mass Psychology of Fascism）

溫德爾·貝里（Wendell Erdman Berry），《美國的不安》（The Unsettling of America: Culture & Agriculture）

雅克·德里達（Jacques Derrida），《論好客》（De L'hospitalite）

尚·保羅·沙特（Jean Paul Sartre），《存在與虛無》（L'etre et le neant）

西格蒙德·弗洛伊德（Sigmund Freud），《弗洛伊德心理學文集》（Sigmund Freud Gesammelte Werke）

吉爾·德勒茲（Gilles Deleuze）、菲利克斯·伽塔利（Félix Guattari），《反俄狄浦斯：資本主義與精神分裂》（Capitalisme et schizophrénie. L'anti-OEdipe）

吉爾·德勒茲（Gilles Deleuze）、菲利克斯·伽塔利（Félix Guattari），《千高原》（Mille plateaux）

吉爾·德勒茲（Gilles Deleuze），《差異與重複》（Différence et répétition）

菲利克斯·伽塔利（Félix Guattari），《機器無意識》（L'inconscient machinique:Essais de Schizoanalyse）

菲利克斯・伽塔利（Félix Guattari），《分子式革命》
（La révolution moléculaire）

菲利克斯・伽塔利（Félix Guattari），《精神分析學與橫
貫性》（Psychanalyse et transversalité: Essais d'analyse
institutionnelle）

菲利克斯・伽塔利（Félix Guattari），《混沌互滲》
（Chaosmose）

彼得・辛格（Peter Singer），《動物解放》（Animal
Liberation: A New Ethics for Our Treatment of Animals）

卡爾・榮格（Carl Jung），《弗洛伊德與精神分析》
（Freud and Psychoanalysis）

MEMO

MEMO

MEMO

貓生哲學：從四隻貓身上體悟到的 18 堂生命哲學課 / 申承澈著；馮燕珠譯．
-- 初版．-- 臺北市：笛藤出版圖書有限公司，八方出版股份有限公司，2022.12
　面；　公分
譯自：묘한 철학
ISBN 978-957-710-880-7(平裝)

1.CST: 人生哲學 2.CST: 通俗作品

191.9　　　　　　　　111019188

從四隻貓身上體悟到的 ✧18堂生命哲學課✧

貓生哲學

2022 年 12 月 23 日　初版第 1 刷　定價 360 元

著　　　者	申承澈（신승철）
譯　　　者	馮燕珠
總 編 輯	洪季楨
編　　　輯	陳亭安
封面設計	王舒玗
編輯企劃	笛藤出版
發 行 所	八方出版股份有限公司
發 行 人	林建仲
地　　　址	台北市中山區長安東路二段 171 號 3 樓 3 室
電　　　話	(02) 2777-3682
傳　　　真	(02) 2777-3672
總 經 銷	聯合發行股份有限公司
地　　　址	新北市新店區寶橋路 235 巷 6 弄 6 號 2 樓
電　　　話	(02) 2917-8022・(02) 2917-8042
製 版 廠	造極彩色印刷製版股份有限公司
地　　　址	新北市中和區中山路二段 380 巷 7 號 1 樓
電　　　話	(02) 2240-0333・(02) 2248-3904
印 刷 廠	皇甫彩藝印刷股份有限公司
地　　　址	新北市中和區中正路 988 巷 10 號
電　　　話	(02) 3234-5871
郵撥帳戶	八方出版股份有限公司
郵撥帳號	19809050

묘한 철학
Copyright © Seung-Chul, Shin, 2021
All Rights Reserved.
This complex Chinese characters edition was published by Bafun Publishing Co.,Ltd. (Imprint：
Dee Ten) in 2022 by arrangement with NEXT WAVE MEDIA through Imprima Korea Agency &
LEE's Literary Agency.